La musique et ses maîtres

OB Boise

Writat

Cette édition parue en 2024

ISBN : 9789359944203

Publié par
Writat
email : info@writat.com

Contenu

CHAPITRE I
LA NATURE ET L'ORIGINE DE LA MUSIQUE

Un regard rétrospectif sur l'évolution de la musique suffit à montrer que, jusqu'à une époque très récente, elle ne fournit aucune donnée pertinente à l'historien. La première ère de l'évolution de la musique a commencé avant l'avènement de l'homme historique, car les premières races dont nous savons quelque chose avaient une appréciation bien définie de sa signification, mais aucun repère remarquable n'apparaît avant que la musique soit entrée en contact avec la culture moderne ; en effet, aucun progrès majeur n'est traçable avant l'invention de la notation. Le premier enregistrement de mélodies produites est censé avoir été fait au quatrième siècle (APRÈS JC), à savoir celui de trois hymnes grecs, à Apollon, Némésis et Calliope, qui possèdent cependant de maigres moyens de prouver leur authenticité. authenticité. De cette période sombre jusqu'à l'entrée en scène des harmonies, près de mille ans plus tard, l'historien ne trouve aucun matériau fécond, aucune réalisation vérifiée.

La marche des événements matériels était abondamment enregistrée, mais les mélodies passaient de bouche en bouche et d'oreille à oreille, changeant nécessairement leurs contours au cours du processus, car la ligne qui relie la mémoire et l'expression semble, chez la plupart des humains, être si proche que ce qui mène de l'imagination à l'expression, au point d'engendrer des imprécisions dans la transmission. (Cette influence croisée est reconnaissable dans les productions de la plupart des compositeurs. Les souvenirs s'entremêlent dans leurs fantaisies.) Bien que notre mélodie moderne nous soit sans aucun doute parvenue à travers de longues lignées d'héritage, cédant aux influences dominantes de chaque étape successive de la transmission. , il n'existe aucune lumière statistique sur son évolution.

Il serait intéressant de savoir sous quelle forme s'est manifestée la première intuition musicale, puis de retracer une chaîne ininterrompue de cause à effet depuis cette première manifestation jusqu'à ce jour, mais cette connaissance ne bénéficierait pas matériellement à la musique, qui est le seul art dont la carrière ne suit pas des cycles bien définis, les traits des périodes se reproduisant avec la récurrence des conditions.

Dans la sculpture, la poésie et l'architecture, nous avons des saisons de retour à l'antique, et avec de bons résultats. Ces arts traitaient de matériaux tangibles, pouvaient rester présents à l'œil et à l'esprit et se développaient donc rapidement. Nous revenons à leurs formes anciennes, si reposantes dans leur conformité à l'ajustement naturel, pour nous soulager de l'ingéniosité infatigable des producteurs modernes et trouver des bases pour de nouveaux envols.

La musique est cependant si essentiellement intangible qu'il a fallu du temps pour découvrir suffisamment de ses principes sous-jacents pour constituer les fondements d'un art. Rien à notre connaissance n'a été aussi lent à évoluer, et pourtant rien n'a montré une tendance aussi inébranlable vers l'avant et vers le haut. Ces caractéristiques et son influence insidieuse sur la nature de l'homme lui valent le droit d'être appelé l'art divin. Il est en cours d'évolution à partir de son germe originel, mais les grandes lignes de ses premières formes techniques n'ont aucune signification pour le compositeur du XIXe siècle.

Pour les raisons ci-dessus, les statistiques seront évitées lorsqu'elles ne sont pas essentielles à la localisation et à la vérification des conditions. Certaines périodes ont été trop influentes dans l'élargissement et la définition du champ d'expression musicale pour être ignorées. Je m'efforcerai de faire en sorte que mes théories concernant l'origine et le développement de la musique soient en accord avec ses qualités inhérentes, ainsi qu'avec la nature sournoise et changeante de l'homme. Plus la musique est grande, plus son attrait pour notre imagination est direct et plus son effet sur nos émotions est fort. Chaque composition intrinsèquement grande a son humeur ou son tempérament distinctif, qui est l'expression séquentielle et la perpétuation d'une émotion. Cette ambiance est d'abord annoncée par les thèmes choisis, puis ses phases variées et l'intensité cumulative essentielle à une expression soutenue sont assurées grâce à la manipulation logique de ces thèmes.

Je diviserais la musique en deux classes, naturelle et artificielle. Cette dernière classe est, comme le nom qui lui est attribué, une combinaison mécanique de moyens musicaux, résultat de processus purement intellectuels, provoqués par la force de la volonté et non par l'inspiration. Il n'a aucune raison d'être et je le rejetterai sans autre cérémonie. C'est à la musique naturelle, qui jaillit de notre imagination, est formulée à dessein par l'intellect, fait appel aux sympathies et influence les émotions, que je consacrerai mon attention. La musique des races barbares, bien que développée peu au-delà du stade initial, est adaptée dans son caractère à leurs habitudes et à leurs sensibilités, et constitue chez elles un moyen tout aussi puissant de stimuler les passions que l'est notre musique du XIXe siècle parmi les peuples de cette civilisation occidentale. Leurs exercices musicaux sont purement émotionnels, et donc naturels.

La musique naturelle est composée de deux espèces, celle qui est sérieuse et édifiante, et celle qui est seulement divertissante. Ces diverses croissances sont également spontanées, et chacune développe une forme, une substance et des proportions en accord avec le sol intellectuel qui la nourrit.

Le monde exige que la musique s'adapte à ses différentes humeurs. Certaines valses de Johann Strauss sont une musique tout aussi authentique que le sont les symphonies de Beethoven, et chacune contribue à sa manière au plaisir et au bien-être de l'humanité. Quelle serait la plus grande perte, si elle était effacée, est incontestable, car la privation qui en résulterait doit être mesurée par le nombre comparatif de ceux qui ressentiraient le manque de chacun. La grande majorité du public, et même certains passionnés de musique, trouvent plus de plaisir à recevoir qu'à écouter de la musique sérieuse (dite classique). Cela est dû en partie au fait que la musique sérieuse est bien souvent abstruse et nécessite un effort mental bien dirigé pour en comprendre toute la signification ; mais une raison plus générale de cet état (surtout lorsqu'il s'agit de musique de danse) réside dans son effet encourageant et exaltant.

Je pense que c'est une pure affectation de la part des musiciens d'exprimer un manque de respect pour un bon morceau de musique de danse. Un grand pourcentage de ceux qui le font ne sont pas sincères. Ils craignent de discréditer leur appréciation du classique, pensant à tort qu'il y aurait quelque chose d'incongru à aimer les deux. Les idéaux de l'artiste doivent embrasser toute la gamme des sentiments humains, et la musique qui frappe notre sensibilité à tout moment de cette ligne est authentique, qu'il s'agisse d'une symphonie, d'une chanson d'amour ou d'une valse.

Si la musique est le langage des émotions, ses germes doivent être ces sons à travers lesquels la joie, le chagrin, l'amour, la peur, la rage, l'émerveillement et le désir trouvent une expression naturelle, non préméditée et souvent involontaire. Le fait que la portée de ces sons, qu'ils soient produits par l'homme, la bête ou l'oiseau, est indubitable, a conduit certains auteurs à accorder à la musique l'honneur d'avoir été le premier moyen de communication entre les membres de la famille humaine, la langue originale. . Ce n'est guère cohérent, car la vie est pour l'essentiel monotone et sans rythme, ponctuée seulement ici et là d'épisodes féconds en germes musicaux.

L'observation scientifique a établi le fait que toutes les espèces supérieures d'êtres vivants possèdent des formes d'intercommunication vocale. Comme les êtres humains, les animaux ont des formes de langage adaptées à leur degré d'intelligence et à leurs besoins, mais indépendamment de ces formes, eux et l'homme ont des codes d'expression émotionnelle mutuellement intelligibles. Ces codes ne sont pas identiques dans des détails moins essentiels, ni également complets, mais ils proviennent d'une source commune. Leur caractère varie selon les qualités du sentiment instinctif, raffiné ou grossier , qui dominent les créatures qui les emploient.

Le niveau le plus bas de la vie animale qui possède un appareil vocal n'est susceptible d'éprouver que trois émotions : la colère, le désir et la peur, dans une mesure telle qu'elle suscite l'expression. Les niveaux supérieurs ressentent de la joie, de l'amour, du chagrin, de la colère, de la peur et du désir.

La musique n'a de signification que lorsqu'elle est chargée de messages du compositeur à l'auditeur. Les sons qui expriment le plus clairement des émotions fortes sont donc les germes musicaux les plus féconds. Des cris isolés de triomphe, de rage et de joie, ou des cris de douleur, de peur et de supplication, font appel à notre sensibilité, mais ils ne suggèrent pas la musique, bien que sa ligne de développement à partir de ces éléments primaires soit traçable. Cela a commencé avec la première reconnaissance intellectuelle de l'adéquation de l'expression tonale, lorsque les sons produits involontairement à la suite de sensations ont été placés par l'esprit humain dans la catégorie des moyens d'expression.

À ce stade, nos germes ont été influencés par un objectif délibéré. L'intellect a pris en main les cris, les cris et les gémissements spontanés et leur a progressivement doté de continuité, de pulsation vitale (rythme) et *de forme* ; leur a fait exprimer des sentiments surchargés d'émotions, créant une atmosphère résolument significative (*stimmung*). Cette atmosphère ou ambiance omniprésente, qui est un élément vital d'un effort musical réussi, ne doit en aucun cas être confondue avec les situations incidentes et découlant de l'art descriptif (*programme*) du compositeur. La première est personnelle, une humeur de cœur ; la seconde est impersonnelle, une image cérébrale.

Depuis ce premier pas dans l'évolution musicale, l'intellect a été de plus en plus étroitement associé à l'émotion, à mesure que les intentions du compositeur sont devenues plus précises et ses *formes* plus étendues.

Les progrès de la musique n'ont pas été uniformes, car elle est très sensible et les conditions ont souvent été défavorables. Il a suivi, dans une large mesure, les fluctuations du raffinement et de la sensibilité fine des masses ; car, bien que sa croissance dépende de certaines conditions, ces conditions nécessaires, si elles sont confinées dans des limites étroites, ou si elles ne se trouvent que chez des personnes isolées, ne suffiront pas.

Il doit respirer un air libre, plein de sentiments et d'impulsions sympathiques, et il doit disposer d'un sol large et profond dans lequel étendre ses racines, car il aspire vers le ciel, à travers la matière jusqu'à l'idéal.

La croissance de la musique depuis son stade initial jusqu'à celui d'un art est tout à fait analogue, sauf dans le temps qu'elle prend, à la croissance de chaque talent jusqu'à la maturité, ou de chaque conception musicale jusqu'à sa pleine expression. Ils avancent tous vers la réalisation, poussés par l'instinct artistique et l'imagination. Le compositeur d'aujourd'hui a un passé légendaire, plein de romance et de battements de cœur, et un présent chaleureux et sympathique pour stimuler son imagination, mais il a fallu des siècles de joie, de chagrin, d'amour et de culture pour vivifier et affiner l'esprit stoïque de l'homme. nature. Le sol qui nourrit nos imaginations a été rendu fertile par le sang et les larmes d'innombrables générations.

CHAPITRE II
LA PREMIÈRE ÈRE DE LA MUSIQUE ET LES INFLUENCES QUI ONT ÉTÉ OPÉRATIVES DANS DIVERS TERRES PENDANT SA CONTINUATION

Il existe deux époques distinctes au cours de l'évolution de la musique. La première s'est terminée et la seconde a commencé avec l'invention et l'adoption de la notation. Cet appareil mécanique a tellement révolutionné la production et le goût musicaux qu'on peut à juste titre lui accorder l'honneur d'avoir rendu possible la formulation de notre art, car il a relaté les réalisations de chaque génération, fournissant ainsi à ses successeurs des modèles suggestifs. Ceux-ci manquaient pratiquement au cours de la première époque, ce qui explique largement le peu de progrès réalisés au cours de sa continuation.

Cette première carrière musicale est enveloppée d'une obscurité totale, ininterrompue par un seul épisode lumineux, et les lumières que nous pouvons y renvoyer sont entièrement déductives.

Ils ne sont pas assez forts pour mettre en relief les détails, mais ils suffisent pour développer des contours amplement suffisants pour les besoins de mon esquisse. Le fait que les anciens Égyptiens, Grecs et Chinois aient consacré beaucoup d'attention à ce que certains se plaisent à appeler la science ou la technique de la musique n'est pour moi aucune indication de l'état de la musique existant à cette époque. Leurs bibliothèques contenaient de nombreux volumes consacrés à la musique, mais leurs traités considéraient la mélodie (l'harmonie n'était pas connue) d'un point de vue purement mathématique. Cet élément vital de la musique, qui devrait être aussi libre que l'air, était entravé par le pédantisme.

Je suis convaincu que l'évolution de la musique a été sérieusement retardée par cette association trop précoce avec la science. La Chine a perpétué ce système de vassalité, le résultat étant que ses mélodies de temple actuelles, qui servent également de chants populaires, sont totalement dépourvues de grâce plastique et de spontanéité. La faillibilité des longues lignes de transmission orale jette le doute sur l'affirmation du Chinois selon laquelle il hérite d'au moins une partie de ces chants, dans leur forme originale, d'une période remontant à quatre mille ans ; néanmoins, il y a un trait de la situation qui, dans une certaine mesure, le justifie : c'est l'instinct d'imitation qui distingue cette race de toutes les autres.

L'évolution implique le retrait d'un état élémentaire, et nous mesurons son avancement en plaçant les contours et les qualités actuelles, quelles qu'elles soient, par rapport à celles qui caractérisaient une condition antérieure connue.

La Chine a produit de grands savants et sa civilisation, telle qu'elle est, perdure comme les collines éternelles et semble sujette à peu plus de changements qu'eux, mais son peuple n'est ni émotif, ni imaginatif, ni sensible aux influences extérieures. Le plus étonnant n'est pas que le véritable sentiment artistique ne se soit jamais manifesté en Chine, ni qu'elle ait repoussé toutes les tentatives visant à introduire les fruits de la culture musicale européenne, mais que le Chinois, avec sa nature, ait jamais évoqué notre muse. La Chine n'a rien contribué au développement de la musique et nous ne pouvons en tirer la moindre étincelle pour nos investigations. La race mongole traitait sa faible première impulsion musicale comme elle le fait encore avec les pieds des filles de haute caste , c'est-à-dire qu'elle l'enveloppait si étroitement dans des ciments pédants qu'elle ne pouvait pas grandir ; et, étant une impulsion, et non de la chair et des os, elle n'a pas résisté à la répression.

Bien que ces anciens traités scientifiques ne fournissent aucun indice sur l'esprit et la forme réels des énoncés musicaux contemporains, ils témoignent néanmoins d'une présence d'intérêt et de respect. Comme je l'ai montré, cette situation n'a servi à rien en Chine, mais comme les peuples et la culture égyptiens et grecs étaient d'une substance et d'un moule tout à fait différents , nous pouvons en déduire sans risque que leurs efforts ont joué un rôle important dans cette ère préparatoire.

La lumière que nous sommes en mesure de projeter en arrière sur la ligne de l'évolution musicale est tirée des sources suivantes : 1, la nature de la musique elle-même et la première utilisation intentionnelle de ses germes ; 2, sa condition actuelle parmi les peuples barbares ; 3, histoire profane de l'Egypte ancienne ; 4, son développement au rythme de celui de la race aryenne ; et, 5, les références bibliques (auxquelles je consacrerai un chapitre séparé).

NATURE DE LA MUSIQUE

C'est une grossière erreur de considérer la musique comme une simple « harmonie de sons doux », car ce serait un art stérile qui n'aurait pas de caractéristiques contrastées. La plupart des grandes musiques ne sont pas belles, car elles peuvent être tragiques, sombres ou exprimer n'importe quelle humeur inhérente à la vie. L'euphonie fut sans doute l'une des dernières qualités développées, car elle naît de la joie, de l'amour ou du respect. Il faut chercher parmi les émotions les plus grossières le germe qui a été utilisé pour la première fois dans l'expression du ton.

À cette époque préhistorique, au début de ce qu'on pourrait appeler la possession de l'âme, l'homme, qu'il soit créé ou évolué, étant le premier de sa lignée, n'avait aucun fruit de l'expérience humaine pour le guider, et son état émotionnel ne pouvait donc différer que peu de celui de l'âme. celui des catégories supérieures de créatures sans âme. L'histoire nous apprend que depuis le début de ses annales, la nature animale est restée pratiquement inchangée, tandis que l'homme, parce qu'il possède un niveau intellectuel plus élevé et une reconnaissance définitive de la Divinité, sous une forme ou une autre, a affiné et élargi la portée de ses impulsions. et la compréhension. Comme il s'agit de la première manifestation subjective, et non objective, de l'expression sonore que nous recherchons, nous ne pouvons pas faire mieux que de scanner cette caractéristique de la vie animale.

De telles manifestations résultent de la coopération séquentielle de l'émotion, de la raison et de l'impulsion. Les animaux ont leurs grognements, leurs rugissements et leurs barrissements de colère et de défi, et beaucoup d'entre eux ont des formes d'expression d'affection, mais ces dernières sont acquises par l'expérience, alors qu'ils font instinctivement appel à des agents extérieurs à eux-mêmes pour se soulager de la douleur ou du besoin, en employant des moyens efficacité dont ils reconnaissent. Si nous nous tournons vers l'humanité, nous constatons que le nouveau-né exprimera son désir de nourriture bien avant de devenir sensible aux affections de sa mère.

Je suppose donc que la plaidoirie a été la première forme intentionnelle et préméditée de communication tonale et, par conséquent, qu'elle a été le noyau autour duquel l'expérience et la culture ont rassemblé de si vastes ressources. (Ce terme, communication tonale, s'applique également bien à notre art formulé, car la musique s'adresse invariablement par son créateur à une intelligence, qu'il s'agisse d'une personne, du monde ou de Dieu.)

Ce premier élément développé n'a jamais perdu de son importance, car c'est l'ambiance qui imprègne le plus souvent les images sonores du compositeur. Nous le trouvons représenté, à la demande de chaque phase de l'insuffisance humaine, faisant appel aux sources appropriées pour obtenir du soulagement : l'opprimé implorant le tyran, l'amant l'objet de son affection, et le monde fini, prosterné devant l'Infini, déversant ses espoirs. et les aspirations dans l'oreille divine.

Maintenant se produit une période de temps incommensurable sur laquelle nous ne pouvons jeter aucune lumière. Elle s'étend depuis cette première manifestation jusqu'à ce stade de l'évolution qui a produit des formes d'expression tonale comme celles employées aujourd'hui par les races sauvages les plus inférieures. À un certain moment de cette période inexplorable, l'homme s'étant approprié un vocabulaire plus complet des réserves de la nature et ayant adopté des formes plus soutenues et en même temps plus articulées, fut amené à ressentir des pulsations, un rythme naissant. Que cette conception primitive de la mesure ait été suggérée par des successions de mots associés, ou soit incidente à l'extension de l'expression tonale elle-même, nous ne pouvons que conjecturer, mais l'impulsion rythmique est évidente et constitue la caractéristique principale des efforts musicaux les plus grossiers.

MUSIQUE DES COURSES SAUVAGES

La science s'est longtemps occupée de l'origine raciale. Elle a abordé le problème sous tous les angles et a accompli tant de choses pour le résoudre qu'elle a fourni des bases sur lesquelles fonder l'hypothèse selon laquelle les divers types d' humanité, tels qu'ils existent aujourd'hui, sont chacun physiquement, moralement et mentalement le résultat de des conditions dont le climat, le sol et le degré d'isolement ont été les facteurs les plus puissants ; et que ces branches qui se sont répandues pour couvrir le monde naissent d'un tronc familial commun. Même dans les limites du temps historique, les migrations ont été provoquées soit par des changements climatiques, soit par des dissensions liées à la surpopulation.

On ne saura jamais quand les sauvages des îles des mers du Sud se sont détachés, que ce soit de leur propre gré ou par une dispensation de la Providence, qui a amené l'océan Pacifique à les isoler d'une humanité moins pestiférée. Cela a dû cependant avoir lieu après que l'idée d'une expression au moins limitée par le ton ait pris fermement possession de l'humanité et soit devenue un instinct transmissible, car ces sauvages ne manifestent guère plus de disposition ou de capacité d'origine que les espèces animales plus intelligentes. Je cite ces personnes et leur statut lyrique pour marquer le plus bas reflux des choses humaines et musicales dont nous avons la moindre connaissance.

Leur musique et leurs habitudes sont également traversées par la ligne qui sépare l'humain de l'animal, et il est inutile de dire quelle qualité y contribue le plus. Leurs chansons sont, comme leur langage, éjaculatoires, montrant peu d'exercice de raison dans leurs formes et exprimant uniquement les émotions les plus basses. Les rythmes grossiers sont les seuls éléments qui attestent de leur origine dans l'impulsion musicale. La musique, dans son évolution, devait nécessairement passer par cette étape primitive. Dans des environnements plus agréables, il a disparu, mais ces barbares, n'étant ni émotionnellement ni intellectuellement capables de donner l'impulsion nécessaire au développement d'une signification plus fine et plus large, ont utilisé pendant des milliers d'années leurs formes rudimentaires actuelles.

Leur scène entre en contact avec l'évolution de la musique à une période d'innombrables années avant que David ne chante.

D'une lettre en réponse à mes questions sur le statut musical de ces barbares, écrite par le comte Pfeil, qui a observé de très près leurs coutumes pendant vingt années passées à explorer le continent noir et ces îles plus sombres, je déduis que leur barbarie a des degrés analogues à ceux qui existent dans la culture des nations civilisées.

En parlant des deux instruments de musique utilisés, Graf Pfeil dit : « Ce sont le « Tutupele » en Nouvelle-Bretagne et au Duke of York, et une sorte de flûte de pan ou de flûte aux Îles Salomon. Le premier peut difficilement être qualifié d'instrument. Il est utilisé en relation avec les cérémonies superstitieuses de la pratique Dult-Dult et est censé annoncer l'apparition des esprits. Deux morceaux de bois sont sculptés jusqu'à ce qu'ils produisent deux notes voisines, telles que cd, ga ou fg. Ils sont ensuite placés au-dessus d'un petit creux creusé dans le sol et battus avec de petits bâtons.

" L'autre instrument est utilisé par les habitants des îles Salomon. Ils rassemblent trois ou quatre hommes, chacun armé de sa flûte, dont le plus gros tuyau mesure environ trois pieds de long, avec un diamètre intérieur de deux pouces. Il y a cinq de ces tuyaux. dans chaque instrument, ils sont faits de bambou et joués en étant portés aux lèvres et fortement soufflés dedans. Le son, surtout lorsqu'on l'entend de loin, qui lui enlève sa dureté, n'est pas du tout désagréable, mais plutôt. un personnage mélodieux, quoique triste. Les quelques hommes qui jouent de ces instruments se mettent à tourner en rond, et d'autres, désireux de se joindre à la danse, se rassemblent autour d'eux, se déplaçant également en cercle lorsqu'une centaine de danseurs se produisent, ceux du groupe. au dehors, ils courent à toute allure, tandis que ceux qui forment le centre tournent, mais très lentement. Les danseurs accompagnent les joueurs par des sons de demi-sifflements très curieux, qui ressemblent à des gazouillis d'oiseaux, plus les sons sont forts et aigus, plus ils sont jolis. être....

"Sur le Duke of York, les garçons ont une manière curieuse et cruelle de se procurer de la musique. Ils prennent un gros scarabée et lui cassent une patte. Dans le moignon restant, ils enfoncent une grande quantité de gomme élastique dont ils tiennent l'autre extrémité. Le scarabée est maintenant fait pour voler, mais ne pouvant s'éloigner de la main du garçon, il continue de tourner autour de lui, émettant un fort vrombissement ou un bourdonnement....

"Toutes ces races chantent. Leurs chants sont très monotones, mais sont définis, comme les nôtres. Vous pouvez leur demander de chanter telle ou telle chanson, et ils la chanteront toujours exactement comme ils la chantaient auparavant. Toutes les chansons sont chantées en une voix sourde, car le caractère mélancolique et méfiant du peuple empêche toute forte démonstration de gaieté... Je n'ai jamais entendu leurs chants accompagnés d'aucun instrument, sauf lors d'une danse, où, à mon grand regret, conjuguaient les efforts vocaux et instrumentaux. servait d'accompagnement à la danse.

Les Indiens de l'Amérique du Nord, malgré l' influence démoralisante des commerçants, des agences et de l'eau de feu, sont des hommes nobles comparés aux cannibales que nous venons de considérer. Beaucoup de leurs traits les moins aimables sont sans aucun doute le fruit de l'avarice des intrus blancs, qui ont dès le début mis de côté l'équité dans leurs relations avec l'homme rouge. Ils vivent en ayant en vue un état futur dans les joyeux terrains de chasse, ce qui stimule en eux une conscience morale stricte, mais pas trop complète. Les conditions de vie qui façonnent les caractéristiques raciales ont, dans le cas des Indiens d'Amérique du Nord, développé une activité physique, une observation attentive, un courage et des facultés de raisonnement, bien que rudimentaires. Ils manquent de sensibilité délicate et d'imagination, mais nous trouvons néanmoins en eux la virilité nomade à son meilleur, et leur musique reflète leur caractère.

Leurs chants de guerre, funéraires et joyeux sont également monotones pour les oreilles aryennes modernes, car ils sont dépourvus de romantisme et de sentiments fins et sont composés de répétitions *ad libitum* , au lieu de développements progressifs. Leurs points culminants sont produits par une onction accrue lors de la délivrance plutôt que par des moyens séquentiels. Ils marquent les pulsations primaires de leurs chants en se balançant, en dansant et en utilisant des instruments grossiers, et ce faisant, ils s'élèvent jusqu'à un état d'exaltation remarquable. Ce résultat de leurs exercices musicaux ne doit pas être interprété comme indiquant la présence d'un élément émotionnel fort dans le caractère indien. Ils sont, au contraire, si impassibles que peu de choses peuvent ébranler leur sérénité. Leurs extases sont intentionnelles et auto-induites.

Leur capacité phénoménale à lire et à interpréter la chronique naturelle des mouvements des êtres vivants et son exercice continu les ont aveuglés, dans une large mesure, aux beautés du paysage . Ils se consacrent à l'analyse des détails plutôt qu'à la contemplation de l'ensemble harmonieux du Créateur et développent par conséquent peu de sens pour le beau. La manifestation fondamentale de ce sens est, chez l'homme normalement doté, une appréciation des formes et des couleurs des choses matérielles. Sur ce sens, nous pouvons construire une réactivité à l'intangible et à l'idéal, mais sans lui nous n'avons aucun fondement pour le goût esthétique . Je ne vois rien de plus incongru qu'une atmosphère de fugues de Bach ou de symphonies de Beethoven pour un homme qui ne voit que des tonnes de foin, des pieds de bois, de l'énergie hydraulique, etc., tout en contemplant le grand panorama de la nature. La musique des Indiens d'Amérique du Nord n'est ni euphonique ni romantique, mais elle est nettement plus humaine que celle des insulaires des mers du Sud, et ses diverses phases tribales permettent de déduire qu'elle a, entre leurs mains, accumulé des ressources, aussi minimes soient-elles. sembler.

Le caractère et la musique de l'Indien éclairent le cours de l'évolution au cours de la première ère, dans la mesure où, contrairement à ceux des races cannibales, ils tendent à étayer mon affirmation selon laquelle l'expression sonore s'inspire de la culture qui l'accompagne, progressant au rythme de celle-ci.

HISTOIRE PROFANE DE L'ÉGYPTE ANTIQUE

A l'époque la plus reculée que l'historien puisse éclairer (environ 3000 AVANT JC), la vallée du Nil fut le théâtre d'entreprises dont les fruits ont depuis lors excité l'émerveillement du monde. Les pyramides, le palais de Karnak, construit un peu plus tard, et les temples de Louxor et d'Ipsambul figurent au premier rang des conceptions phénoménales des architectes humains ; et l'habileté mécanique requise pour manipuler les blocs et les piliers massifs qui les composent mettrait à rude épreuve les appareils de notre époque pratique et inventive. Ces bâtiments monumentaux, leurs environnements cohérents et les archives déchiffrées des réalisations scientifiques et littéraires de ces premières époques historiques témoignent d'une vaste culture. Comme nous ne possédons aucune trace d'une race dont les Égyptiens auraient pu tirer des stimuli ou des connaissances elles-mêmes, leur culture était vraisemblablement indigène et donc de croissance lente. Le palais de Karnak, par exemple, marque le point culminant d' une série d'efforts architecturaux qui ont peut-être commencé peu de temps après que le Nil ait commencé à constituer ses dépôts alluviaux.

L'ambition persistante et audacieuse dont témoigne ce long développement, et le sentiment artistique exprimé dans leurs œuvres, confèrent à l'intérêt des Égyptiens pour la musique, comme en témoignent les traités scientifiques mentionnés au début de ce chapitre, une signification particulière. Ils étaient plus instruits et moins pédants que les Chinois, et étaient en outre émotifs et imaginatifs, bien que tristement superstitieux. Si ces hautes lumières avaient pénétré toutes les classes du peuple, l'Egypte eût été un Elysée pour notre art, mais il était malheureusement confiné aux classes sociales supérieures, qui englobaient les prêtres et, dans une certaine mesure, les guerriers.

Les masses, en compagnie des prisonniers de guerre et des esclaves d'Afrique centrale, n'étaient que de simples serviteurs des monarques et des prêtres dans l'exécution de leurs projets ambitieux. Bien que leur travail ait constitué un témoignage indubitable de la grandeur de leurs maîtres, les fardeaux qui leur ont été imposés siècle après siècle ont fini par épuiser leur fidélité ; d'où la décadence et la chute de la grande Égypte. Il ne pouvait pas y avoir d'enthousiasme pour l'art parmi un peuple aussi opprimé. Malgré ce manque vital, l'Égypte ancienne a fait plus, directement et indirectement, pour favoriser la musique et lui donner une impulsion, que toutes les autres agences de la première époque réunies. Cela était en partie dû au fait qu'à cette époque, pour la première fois, l'expression sonore était associée à des textes rythmés ; néanmoins, j'en déduis que leur musique n'était qu'un accessoire de déclamation euphonique, — subordonnée à la poésie, — car si leurs mélodies avaient eu une portée indépendante, ces gens ingénieux auraient trouvé un moyen de les enregistrer. Ces relations entre musique et poésie se sont perpétuées en Grèce ; en effet, notre art n'a reçu l'égalité en tant qu'élément contributif du chant que dans des temps tout à fait modernes. Il y a eu plusieurs époques distinctes dans cette relation, à savoir celle où l'expression du ton, en raison de ses capacités peu comprises, était tenue en vassalité de son art frère ; l'égalité de la musique (datant de l'adoption de la notation), durant laquelle elle étendit et embellit considérablement ses formes ; son ascendant, qui caractérise les œuvres vocales du début du siècle actuel ; et maintenant l'école Wagner, dans laquelle les deux sont à nouveau amenés à collaborer sur un pied d'égalité.

Les anciens Égyptiens utilisaient des flûtes de pan, des flûtes, des cors, des instruments de percussion et de petites harpes. Les peintures murales de la quatrième dynastie représentent des joueurs soufflant sur des tuyaux de longueurs différentes, et par conséquent de hauteurs différentes, ce qui est une déclaration stupide selon laquelle au moins certains principes régissant l'utilisation simultanée des sons avaient été reconnus. En dehors de ces archives picturales, nous ne pouvons trouver aucune indication que quelque chose d'analogue à l'harmonie moderne était connu et pratiqué par ce peuple. En l'absence de données spécifiques, nous sommes obligés d'attribuer la condition de la musique dans cette civilisation prodigieuse, quoique exclusive, aux éléments de l'atmosphère d'où elle tirait son impulsion. Comme les éléments les plus marquants étaient un profond sentiment religieux, un savoir scientifique, une ambition insatiable et une tendance lyrique clairement prononcée, leurs mélodies devaient être cohérentes et expressives.

COURSE ARYENNE

Les instincts et les capacités de la race aryenne ayant toujours été uniques, il peut s'avérer instructif de jeter un coup d'œil sur les caractéristiques de son existence préhistorique en Asie qui ont été mises en lumière par la philologie et la mythologie comparées. En premier lieu, ces sciences établissent que nous, les Occidentaux (Grecs, Italiens, Allemands, Anglais) et les Hindous de l'Orient, sommes d'origine commune. Nos ancêtres écoutaient les mêmes légendes, ballades et contes mythiques lorsqu'ils étaient rassemblés dans leur enfance autour d'une seule et même mère, et ils les ont transmis à cette génération de descendants de chacun si peu modifiés qu'ils fournissent de nombreuses preuves de parenté. Beaucoup des mots les plus importants des diverses langues aryennes sont similaires de manière suggestive, et cela en dépit des cinq mille ans de transmission et des diverses conditions inhérentes à la croissance de clans largement séparés en grandes nations.

Les Aryens étaient des adorateurs de la nature dans ses formes et humeurs les plus spectaculaires et héroïques, dans les tempêtes, le feu, le coucher du soleil et l'aube, mais ils regardaient vers le haut leur Divinité suprême. Le ciel, avec ses profondeurs insondables de bleu et ses mystères stellaires, était leur Zeus. De là, on voit qu'ils étaient, en quelque sorte, des idolâtres, mais leur idolâtrie n'était pas dégradante ; c'était en effet ennoblissant. Ils contemplaient la nature et voyaient dans ses processus la main d'une puissance bienfaisante et omniprésente , un Dieu. Ils adoraient le Dieu ainsi, et d'aucune autre manière, qui leur était révélé à travers ses œuvres.

Leurs conceptions de l'organisation familiale et communautaire ont servi, et servent encore, de modèles aux nations civilisées. Ils étaient paternels, les clans étant de grandes familles avec des chefs patriarcaux et des conseillers élus . Ils étaient pasteurs, cultivant la terre et élevant du bétail, des moutons, des chevaux et des porcs ; mais ils étaient en même temps de bons guerriers. Ils portaient des chaussures en cuir , des vêtements tissés en laine et possédaient au moins une connaissance rudimentaire des sciences.

De tout cela, je déduis que les premiers Aryens étaient une race d'hommes libres, non soumis à la discrimination de classe qui a ruiné l'Égypte.

Leur appréciation de la nature, leur respect, leur ambition et leur obstination les ont amenés à devenir les gardiens particuliers des arts, et leur égalité de classe relative leur a permis de remplir les exigences de ma théorie selon laquelle la musique ne peut s'épanouir que dans un intérêt et un savoir largement diffusés. . Il doit respirer une atmosphère géniale et suggestive.

Notre activité principale concerne la musique aryenne après qu'elle ait subi l'influence de la culture égyptienne, mais il pourrait être intéressant pour mes lecteurs de jeter un instant la lumière de l'analogie sur sa période antérieure. Nous avons trouvé les premiers Aryens moins instruits que la classe des érudits égyptiens, mais aussi moins superstitieux et moins pédants. C'étaient des êtres humains normaux dans leurs occupations, leurs susceptibilités et leur vie sociale. Avec un tel tableau en vue, il est tout à fait naturel que notre imagination entende son complément sous forme de sons expressifs, de berceuses paisibles, de chants de louange et d'amour et de réjouissances sonores.

Dans des temps reculés, la région qui est censée avoir été la demeure originelle des Aryens devait être fertile, car les premiers poètes décrivaient avec enthousiasme ses charmes. Les changements climatiques qui ont rendu le sol aride tel qu'il est aujourd'hui ont peut-être suggéré, voire nécessité, une migration ; cependant, on ne pourra jamais savoir avec certitude quelle condition ou quelle combinaison de conditions a poussé les Aryens à abandonner l'Asie centrale ; mais il est certain qu'ils, comme des raz-de-marée irrésistibles, se sont dirigés vers l'ouest et le sud, détruisant, emportant devant eux, ou absorbant et dominant tous les peuples et toutes les institutions sur leur passage.

L'un des courants de migration aryenne coulait vers le sud et formait les nations hindoues et perses, et un autre arrivait en Europe par l'Hellespont et s'établissait en Grèce et en Italie. Trois autres, celtiques, teutoniques et slaves, suivirent dans l'ordre indiqué, passant au nord de la mer Noire et occupant respectivement l'Europe occidentale, centrale et orientale.

De toutes les nations qui se sont développées à partir de ces noyaux originels, les Hindous montrent le moins de preuves de relations étroites avec le grand maître du monde, tandis que les Grecs, peut-être en raison de leur proximité avec l'Égypte, ont été amenés à profiter pleinement de son enseignement. .

Les anciens Hindous étaient moins scientifiques que les Chinois ou les Égyptiens, et l'isolement les a empêchés de progresser avec la civilisation moderne. Leur musique est moins le fruit de théories que d'une impulsion naturelle aryenne. Ils ne la considèrent pas comme une science, mais comme une question d'émotions, résultat de l'imagination et destinée à la stimuler. J'ai vu des mélodies hindoues qui démontraient une appréciation correcte de l'ajustement rythmique, mais leurs réalisations ne leur donnent pas droit à une place parmi les facteurs puissants de l'évolution musicale.

Nous arrivons maintenant au point culminant de notre première ère. Une conception si vraie de la beauté, une symétrie si parfaite, une imagination si vaste et une aspiration si élevée qui sont présentes et qui ont rendu l'art et la littérature grecs anciens lumineux à jamais, témoignent de conditions qui auraient permis à la musique de se réaliser pendant toute sa durée. si elle n'avait pas été aussi intangible, et donc nécessairement lente à se développer. Si sa nature avait été moins timide, nous aurions pu avoir une musique grecque antique aussi monumentale que l'Iliade ou le Parthénon.

Les Grecs n'ont pas tardé à reconnaître les vertus du savoir égyptien, et la Grèce est rapidement devenue la plus grande élève de la grande Égypte. Il faut néanmoins accorder à l'Égypte la première place parmi les facteurs qui ont construit la civilisation moderne et conduit à la formation de l'art musical, car elle est à l'origine de l'impulsion vitale.

Cette période de suprématie culturelle grecque n'a distribué aucun laurier à ses mères, épouses et filles. La femme était considérée comme un être inférieur et ne prenait aucune part honorable à la vie sociale intellectuelle. Les garçons bénéficiaient d'une éducation exhaustive tandis que les filles étaient négligées. Ce fut la seule tache sur la gloire de cette époque, et nous, en plus de déprécier l'injustice que cela impliquait, devons regretter que ces anciens artisans d'art se soient privés de cette plus haute source terrestre d'inspiration, de relations sexuelles avec un enthousiasme délicat, des perceptions vives et l'instinct artistique d'une femme instruite et aimée ; Car jusqu'où auraient pu atteindre leurs réalisations sans cette conception erronée de la nature et des capacités de la femme !

On aurait pu penser que les paroles de Sappho, qui ont incité Platon à l'appeler la « dixième muse », auraient suggéré l'existence, dans la nature plus pure et plus sensible de la femme, d'une veine subtile de belle intellectualité, mais tel n'était pas le cas. À en juger par ce que nous avons vu de la vie des premières familles aryennes, cette idée peu pratique et avilissante de supprimer la femme doit avoir été imprégnée du savoir égyptien.

La musique était enseignée dans les écoles grecques, et les jeunes étaient ainsi aptes à se joindre aux chœurs sacrés et à apprécier la signification de la poésie. Les bardes immortels chantaient leurs créations, et celles-ci restaient souvent non écrites pendant des générations. Le drame s'est développé à partir de chants et de danses. La musique était un élément important de leurs colloques, la lyre étant transmise d'invité à invité, chacun contribuant de son mieux à ce festin intellectuel. Les banquets se terminaient par des chants d'hymnes. La musique imprégnait chaque fonction de la vie hellénique.

Leurs chœurs étaient à l'unisson, et leurs accompagnements instrumentaux étaient soit purement rythmiques (quelle que soit la hauteur), soit ils suivaient la voix, car les Grecs n'avaient aucune conception découvrable de l'harmonie. En contemplant la merveilleuse érudition et le sens poétique de la Grèce antique, ainsi que le *rôle important* joué par la musique à l'époque de sa gloire, je ne peux que sentir que l'incapacité de relater ses mélodies est un malheur. Ils n'étaient peut-être pas riches en variété de succession de tons ou en rythme, mais ils étaient sans aucun doute vigoureux, expressifs et logiquement arrondis, et ils marquent donc le point le plus brillant atteint dans la première époque.

La Grèce a succédé à l'Égypte en tant qu'enseignante du monde, et ses préceptes gagnent en importance à mesure que les progrès de la culture nous permettent de mieux comprendre l'ajustement subtil de l'imagination à la nature qu'ils incarnent. Sa sculpture, son architecture et sa littérature sont les modèles les plus élevés que nous ayons, et ceux de nos architectes qui apprécient l'importance des bâtiments monumentaux se tournent vers la Grèce antique pour trouver l'inspiration appropriée.

N'est-il pas raisonnable et logique de supposer que l'esprit des formes musicales non écrites de la Grèce a été préservé, transmis de nation en nation et de génération en génération, et qu'il est à la base de notre école classique actuelle ? Je dis esprit en parlant de transmission musicale, car les ressources et les formes extérieures de la musique étaient, à l'époque homérique, et sont encore en voie de développement.

Ce serait une perte de temps que de discuter de l'activité musicale des autres nations européennes au cours de cette période. Ceux qui ont le moins préparé le terrain ont été les plus actifs depuis que notre art a pris forme. Aussi grands que soient les services rendus par l'Italie depuis le XVIe siècle (APRÈS J.-C.), elle a peu fait pour la musique avant cette époque. Saint Ambroise de Milan (384 APRÈS JC) et saint Grégoire de Rome (590 APRÈS JC) ordonnèrent des rituels, des prières, de la musique, etc., mais il n'y a pas de trace détaillée de leurs réalisations, donc pas de chants grégoriens authentiques.

CHAPITRE III
MENTION BIBLIQUE DE LA MUSIQUE

L'Ancien Testament est une chronique de la croissance, des mouvements, des habitudes physiques et mentales et du statut religieux de la grande race juive. Sa religion avec une Divinité unique, dont la présence immédiate était souvent ressentie, sa musique adressée à cette présence et ses organisations familiales, tribales et raciales étaient toutes juives. Le grand levier de l'existence juive était une religion dont le credo interdisait la fabrication d'« images taillées », de sorte que la peinture et la sculpture n'étaient pas cultivées ; il reconnaissait l'action directe de la volonté suprême dans le façonnement des événements quotidiens, et prescrivait des louanges et des prières souvent répétées, et créait ainsi l'atmosphère de sentiment de dévotion exalté que nous trouvons enregistré dans de nombreux livres de la Bible et qui culminait dans les Psaumes de David. .

Les anciens Hébreux n'étaient en aucune manière un peuple scientifique. Leur seule aspiration intellectuelle s'exprimait dans l'embellissement du culte de Dieu. C'étaient des enseignants religieux qui ont directement ou indirectement façonné les croyances du monde civilisé.

Selon les conditions sur lesquelles j'ai fondé jusqu'à présent mes théories de l'évolution musicale, les premiers chants juifs ne pouvaient pas être égaux, en valeur artistique, aux textes auxquels ils étaient associés, car il manquait absolument, dans cette race, d'une culture générale et d'un sens artistique tels que ceux que nous avons trouvés prédominants dans l'Égypte ancienne ; mais les Hébreux étaient une race à part, et leurs instincts uniques ont peut-être fait de leur musique une exception à toutes les règles.

Leur impulsion chantante se limitait à une seule ligne, mais elle était si forte qu'elle se projetait depuis la conception, dans l'enthousiasme religieux, jusqu'à un degré élevé d'accomplissement sans toucher au niveau inférieur de leur culture générale ; néanmoins, les défauts mentionnés ci-dessus et la décadence consécutive de la nationalité raciale relèguent la musique hébraïque au second plan en tant qu'influence sur le chant mondial.

Ils avaient des hommes qui se consacraient au jeu d'instruments pour accompagner le chant, et la Bible mentionne plus de variétés d'instruments que l'on peut trouver dans l'histoire profane de cette époque. Le culte était un élément si important de la vie juive, et la louange était un élément si essentiel de leur culte, que les masses devaient avoir appris et chanté ces grandes paroles qui représentent aujourd'hui le point culminant de la crainte humaine, du respect, de la prière et de l'action de grâce. Il est impossible d'imaginer David chantant ses psaumes sur une musique rudimentaire ou inadéquate.

Nous sommes ici face à une situation apparemment pleine de contradictions vitales. La plupart des influences qui se sont révélées nécessaires au développement de la musique faisaient défaut, et pourtant il existe des preuves qu'elle est devenue un moyen d'expression. Les Juifs étaient animés par un profond sentiment religieux et par un sens exquis des formes de la nature. Aucun poète n'a encore égalé l'appréciation simple mais belle de David de l'univers et de son influence sur l'humanité.

Les Juifs de Pologne, d'Espagne et d'Allemagne ont des versions musicales diverses des Psaumes, il n'y a donc aucune lignée traçable d'héritage de David. Cette ligne a été effacée par les changements liés aux générations de mémoire non assistée. Qu'il puisse y avoir de rares exceptions à cette règle de changement de forme au cours d' une transmission orale prolongée a été abondamment prouvé récemment par un musicien et érudit allemand hébreu. Il m'a joué un hymne pascal non écrit que son père avait toujours chanté à cette époque de fête, et m'a dit qu'il avait récemment été diverti par un hébreu espagnol, qui chantait la même mélodie ton pour ton. L'ouïe et la mémoire de ce monsieur sont si absolues qu'il n'y a aucune question à soulever quant à cette affaire ; mais d'après mes investigations, il est seul.

Le compositeur du XIXe siècle ne trouve nulle part ailleurs des textes aussi sérieux et suggestifs que dans l'Ancien Testament. Ils expriment les espoirs, les peines, le désespoir, le respect et les joies de nos cœurs avec autant de justesse que ceux des bardes hébreux qui les ont écrits il y a des milliers d'années. Leur manière naturelle et directe d'exprimer les émotions et leur élévation d'esprit incomparable les rendent particulièrement attrayantes pour le musicien, dont les envolées d'imagination partent de ces émotions.

On nous refuse le privilège de numériser les formes et la substance des mélodies ou des chants bibliques et devons nous contenter de retracer les caractéristiques les plus marquantes du *rôle* qui était assigné à la musique à cette époque plus ancienne, ainsi que les dispositifs mécaniques qui étaient employés pour améliorer le rythme. précision et sonorité.

Certains auteurs ont tenté de résoudre le problème posé par la musique hébraïque au milieu de conditions incongrues, en attribuant son développement à l'influence de relations présumées avec la civilisation égyptienne préhistorique. Cela ne semble pas logique, car la musique hébraïque semble avoir été peu, voire pas du tout, affectée par le contact direct et continu pendant le long séjour des Israélites en Égypte.

Les personnages juifs et égyptiens étaient si diamétralement opposés (comme le démontraient leurs croyances, leurs habitudes et leurs aspirations) que leurs formes d'expression émotionnelle ne pouvaient pas suivre des lignes communes.

Les relations sexuelles avec les Égyptiens ne donnèrent même pas une impulsion scientifique à l'esprit hébreu. Il est donc raisonnable de conclure que mon hypothèse mentionnée précédemment – selon laquelle la force de leurs impulsions a porté la musique et la poésie juives à des positions uniques, par rapport à celles de leurs autres arts et branches de savoir – est digne de confiance.

La première mention de la musique se trouve dans Genèse IV. 21. Jubal, le fils de Lémec et d'Ada, est décrit comme le « père de tous ceux qui manient la harpe et l'orgue ». Jubal appartenait à la septième génération des descendants d'Adam et, selon les récits bibliques, le monde en était à son deuxième siècle d'existence. Ces « harpes et orgues » étaient sans doute semblables à ceux représentés sur les tableaux peints sous la quatrième dynastie égyptienne. Les premiers nommés étaient des cadres sur lesquels une ou, tout au plus, un nombre très limité de cordes étaient tendues, et les « orgues » étaient des flûtes de pan (une série d'anches de longueurs graduées, liées ensemble et jouées en soufflant dedans comme ils étaient passés d'avant en arrière sur la lèvre inférieure). Les flûtes de Pan étaient probablement jouées à l'unisson avec la voix, alors que la harpe primitive n'était utilisée, avec les instruments de percussion existants, que pour marquer les rythmes.

Tous les historiens s'accordent dans leurs déductions quant à l'ordre dans lequel les différentes classes d'instruments sont apparues sur la scène musicale. Comme le rythme est la pulsation du cœur de la musique, il s'est naturellement emparé des premiers chanteurs de mélodies formulées dans quelque mesure que ce soit, conduisant à des balancements du corps, des battements de mains, des piétinements, et a rapidement suggéré l'emploi d'autres moyens résonants. pour marquer ses progrès. Nos tambours n'étaient au début que des morceaux de bois creux, nos cymbales, notre triangle et notre gong avaient peut-être une double fonction, musicale et culinaire, et notre harpe et notre piano étaient précédés de cordes simples tendues pour produire un son sonore quelle que soit la hauteur.

Viennent ensuite les instruments à vent, d'abord des anches simples soufflées pour marquer les rythmes, puis des flûtes de pan, et bien plus tard des flûtes simples munies de trous pour les doigts comme la flûte non améliorée. Viennent enfin les instruments dont les sons sont tirés en passant un archet sur les cordes. L'idée d'adapter la longueur vibrante des cordes à la hauteur souhaitée, en les appuyant sur une touche, est relativement moderne. Ces classes générales prenaient de nombreuses formes et étaient réalisées à partir de matériaux variés.

L'existence de Jubal et de sa lignée musicale témoigne d'un intérêt et d'une utilisation largement répandus pour le chant, mais la Genèse ne fournit aucun éclairage supplémentaire, aucun texte, ni aucune autre allusion au sujet de la musique.

Exode XV. fournit la mention suivante. Les sables mouvants perfides de la mer Rouge ayant englouti les Égyptiens, Moïse et les enfants d'Israël se joignent à un chant de joie et d'action de grâce envers Dieu, à l'interposition directe duquel ils attribuent leur délivrance. La chanson telle qu'elle est enregistrée est trop circonstancielle pour avoir été spontanée. Moïse, en écrivant son récit de l'événement, a sans aucun doute incarné les sentiments qui ont jailli du cœur de son peuple en présence de l'événement sous une forme plus ordonnée et plus amplifiée. Les sentiments sont élevés, et l'effet produit par le chant de ce vaste chœur de ceux qui viennent d'être sauvés fut, sans comparaison, le plus grand foyer d'enthousiasme humain dont le monde ait été témoin ; car Moïse avait à lui seul six cent mille combattants.

« Miriam la prophétesse », après le chant, ou pendant les interruptions du chant, pour inciter la foule à de nouveaux efforts, « prit un tambourin dans sa main ; et toutes les femmes sortirent après elle avec des tambourins et en dansant. Et Miriam leur répondit : , Chantez au Seigneur, car il a triomphé glorieusement ; il a jeté le cheval et son cavalier dans la mer. " Les tambourins étaient des tambours, probablement très semblables à nos tambourins en termes de taille et de forme.

La trompette est mentionnée trois fois dans les dix-neuvième et vingtième chapitres de l'Exode en relation avec la transmission des commandements à Moïse. La dernière occasion se produit après la consommation de cette cérémonie qui façonne l'univers, c'est-à-dire : « Et tout le peuple vit les tonnerres , les éclairs, le bruit de la trompette et la montagne fumante. »

sombres de la Bible . Moïse, dont la vie a été consacrée au bien-être des Israélites, qui a lutté pendant quarante ans pour surmonter en eux la démoralisation due à des siècles de servitude, chante là un chant d'adieu à son peuple, car il est sur le point d'entrer en possession de la terre promise, dont le bonheur lui est refusé. Peut-on imaginer un tableau plus triste que celui de cet homme bon, si peu confiant dans les fruits de son enseignement passé, exhortant pour la dernière fois les Israélites ?

Cela rendrait mon esquisse fastidieuse de l'encombrer des événements musicaux les moins importants relatés dans l'histoire sacrée, comme les chants de Déborah, Hannah, etc., c'est pourquoi je sauterai quatre siècles, dont les exercices musicaux semblent n'avoir été marqués par aucun signe. des événements extraordinaires, à moins d'accepter la chute de Jéricho comme un phénomène musical.

À la fin de cette période, nous rencontrons David, que l'on pourrait appeler à juste titre l'Isaïe de notre art, car ses chansons expriment la conception d'une réalisation musicale pleine, libre et ingénieuse, non encore mesurée même par les plus grands compositeurs qui leur ont donné paramètres. I.Samuel XVI. fait la première mention de la capacité musicale de David , c'est-à-dire : « Et Saül dit à ses serviteurs : Donnez-moi maintenant un homme qui sache bien jouer, et amenez-le-moi... Et il arriva, lorsque le mauvais esprit Dieu était sur Saül, que David prit une harpe et joua de sa main ; ainsi Saül fut reposé et se porta bien, et le mauvais esprit se retira de lui. » Le premier « psaume d'action de grâce » enregistré de David se trouve en II. Samuel XXII. Sa puissance, ses images vives et sa conception de la toute-puissance n'ont jamais été surpassées par l'esprit humain. C'est musicalement suggestif et inspirant, mais un compositeur capable d'en saisir la portée pourrait se taire, car notre art est encore faible pour tenter de tels envols. Une lecture attentive des versets cinq à dix-huit inclus permettra de comprendre mes sentiments à l'égard de cette chanson.

Il y a dans beaucoup de musique sérieuse un substrat de « ton ecclésiastique », car les cordes les plus profondes de la réactivité humaine cultivée sont en harmonie avec l'adoration. Notre relation en tant que créatures avec Dieu, le Créateur, est le facteur principal qui induit cette condition, mais à côté de cela, le chant biblique influence le plus la tendance aux hautes aspirations musicales. Ces influences sont insidieuses et leurs fruits ne témoignent pas nécessairement d'une volonté du compositeur, qui n'est peut-être pas du tout pieux ; mais lui, ayant absorbé, en commun avec l'humanité civilisée, l'esprit de religion, celui-ci imprègne et caractérise dans une certaine mesure ses efforts les plus élevés.

Tant que l'homme continuera à écrire de la musique, David ne cessera d'être l'un des leviers qui façonnent ses conceptions. Ce ton ecclésiastique, lorsqu'il est présent, ne se manifeste généralement pas dans les thèmes, ni dans leur développement contrapuntique, mais dans les contours harmoniques sur lesquels reposent ces éléments. David est censé avoir écrit la plupart des cent cinquante Psaumes qui nous sont parvenus, et il peut être intéressant de retracer certaines des couleurs musicales suggérées par ses humeurs les plus clairement manifestées. Ils reflètent les recoins les plus profonds de son cœur paternel et craignant Dieu.

Le treizième Psaume est un cri de tristesse, sauvé du désespoir par le souvenir des miséricordes passées de David. Ce dernier élément est analogue dans ce cas aux harmonies majeures de nos tonalités mineures modernes, qui donnent des suggestions de luminosité future à nos images aux tons les plus sombres.

Dans le dix-neuvième Psaume, qui commence par : « Les cieux racontent la gloire de Dieu, et le firmament montre son œuvre », nous trouvons un esprit de contemplation satisfaite, pour lequel ces lignes citées frappent la note clé et annoncent le *thème* sans aucun doute. son incertain.

Le vingt-troisième se compose de comparaisons pastorales qui se succèdent avec une intensité calme mais toujours croissante. Il est aussi plein de confiance reposante et d'énergie autonome que le mouvement lent de la Cinquième Symphonie de Beethoven. Il est trop soutenu dans sa progression séquentielle pour offrir les contrastes si essentiels aux compositeurs de capacité médiocre, et qui peuvent expliquer les profanations dont il a fait l'objet. Rien ne met autant à l'épreuve le calibre d'un musicien qu'une continuité logiquement croissante. Ce Psaume aurait trouvé un cadre idéal dans la haute sérénité de Bach.

L'esprit d'exultation dans la louange du Tout-Puissant, qui est présent même dans les moments les plus tristes du chant de David, éclairant ses doutes et ses chagrins, éclate en une gloire éclatante dans le quatre-vingt-dix-huitième Psaume, qui a probablement reçu plus d'attention de la part des compositeurs. que tout autre texte biblique. Il a inspiré de nombreuses musiques merveilleuses, mais une conception erronée de l'esprit qui a inspiré le dernier couplet est devenue traditionnelle.

Le psalmiste n'invoquait pas les flots pour battre des mains et les collines pour se réjouir ensemble devant le Seigneur, afin de se concilier Dieu, mais pour exprimer la joie qu'il éprouvait à anticiper l'avènement de Celui qui « jugerait le peuple avec équité ». ". Pour être cohérent, le compositeur devrait placer ce sentiment dans une grande grandeur, comme le point culminant de son projet musical.

Ces exemples suffiront à illustrer, de manière superficielle, la richesse suggestive des Psaumes de David.

Isaïe, au chapitre v. 12, dit : « Et la harpe et la viole, le tambourin et la flûte et le vin sont à leurs fêtes » ; en effet, le prophète fait des références répétées à la musique, mais pas de manière à conférer à sa chronique une importance particulière pour nous.

Je terminerai ce chapitre avec deux exemples du Nouveau Testament. La première eut lieu à propos de la Cène du Seigneur, c'est-à-dire après l'administration de la Sainte-Cène, et après avoir chanté un hymne, ils sortirent au mont des Oliviers. Cet hymne silencieux ne cessera de résonner à travers l' univers jusqu'à ce que nous soyons capables de réaliser la vision de saint Jean de la musique céleste, qui, comme décrit dans l'Apocalypse (cinquième chapitre), constituerait un point culminant approprié à l'effort musical terrestre.

CHAPITRE IV
LA MUSIQUE DE L'INVENTION DE LA NOTATION À CE JOUR

L'ampleur des événements de cette nouvelle ère a été si grande dans son élan cumulatif et sa tendance élevée, qu'on est tout autant gêné par la richesse de ses données que par la pauvreté de la période plus ancienne.

Dès l'ouverture de sa deuxième ère, la musique a commencé à entrer dans l'histoire, et de nombreux hommes minutieux et érudits ont consacré les meilleures années de leur vie à rassembler ses disques ; nous sommes donc largement pourvus d'ouvrages de référence, ce qui semblerait me justifier de poursuivre encore plus loin la voie tracée par mes impressions individuelles. Mes déductions et théories ne suivent pas toujours les sentiers battus ; en fait, je ne suis amené à discuter des événements bien connus de cette époque que dans l'espoir que ces digressions pourront offrir à mes lecteurs de nouveaux points de vue et, peut-être, les inciter ainsi à acquérir une connaissance plus intime de la nature de la musique.

Avant de commencer nos explorations, je voudrais souligner la théorie avancée au chapitre II , à savoir que le progrès de l'évolution musicale est plus ou moins rapide selon que la qualité de son environnement culturel est plus ou moins bien adaptée à ses exigences. Les grands compositeurs ne sont pas des pousses excentriques, mais ils sont le fruit naturel des conditions dans lesquelles ils sont nés et dans lesquelles ils créent.

Les glands jetés sur les rochers nus pourriront ; plantés dans des sables exposés aux vents violents de la mer, ils poussent en broussailles noueuses ; mais s'ils tombent dans un sol possédant des qualités propres à développer leurs germes inhérents, ils deviennent de nobles chênes, différant en taille selon la vitalité affirmée de leurs divers germes et selon les impulsions qu'ils reçoivent de la terre et du ciel. Ces conditions façonnent également leurs formes, car leurs branches recherchent la lumière du soleil et la pluie, tout comme leurs vrilles racinaires recherchent une subsistance plus substantielle, mais non plus nécessaire. Cette quête donne une direction à leur croissance.

Les géants de la forêt sont comme nos Bach, Beethoven, Schubert, Schumann et Wagner ; eux, comme ces géants de la musique, dominent leurs semblables. Nos musiciens étendent leurs racines dans le passé (dans la connaissance de ce que d'autres ont réalisé), leurs aspirations sont réchauffées par la lumière du soleil d'une culture largement diffusée et leurs créations prennent forme à partir de leur environnement.

Pour illustrer ma théorie : si Beethoven vivait et composait aujourd'hui de la musique, celle-ci différerait nécessairement autant de celle qu'il a produit, dans la forme et les moyens, que nos conditions et modes de vie diffèrent de ceux d' il y a soixante-quinze ans, car de tels un génie serait prompt à ressentir la présence d'éléments nouveaux dans son environnement matériel ou dans son atmosphère artistique.

Certains de ces éléments nouveaux sont utiles au compositeur, tandis que d'autres ont tendance à étouffer sa spontanéité ou à déformer les contours et à trop éclaircir les couleurs de ses images sonores. Dans la première classe je mettrais l'accroissement universel de l'intelligence musicale ; les dispositifs mécaniques qui, appliqués à l'orgue, au piano et à la plupart des instruments à vent d'orchestre, augmentent considérablement leur efficacité ; l'idée de Berlioz sur l'intégrité des couleurs, qui a révolutionné l'écriture orchestrale ; la diminution de la conventionnalité dans la forme ; la plus grande intensité dans les successions harmoniques ; et la portée quelque peu Bach avec laquelle l'écrivain d'aujourd'hui tente de doter les voix de basse et de médium.

En tête de la deuxième classe (éléments nuisibles), je placerais l'immense aspect pratique de notre époque, qui fait irruption de ses charrues à vapeur dans nos tableaux ruraux et, avec son cortège incessant d'innovations mécaniques, entasse l'imagination poétique dans les recoins sombres, où elle survit mais ne prospère pas ; vient ensuite la hâte fébrile de devenir riche ou célèbre, qui domine tellement notre génération qu'elle perturbe les humeurs contemplatives de l'artiste, conférant parfois à ses créations une suggestion d'utilité prosaïque, et dans d'autres cas leur conférant des formes et des couleurs incongrues ; et enfin, mais non des moindres, l'habitude moderne de l'introspection qui, née d'un désir louable de raisonner philosophiquement, étouffe la spontanéité.

Beethoven se serait rebellé contre ces conditions défavorables, mais il en aurait néanmoins été influencé. Son esprit défiera le temps, mais ses modèles et ses méthodes sont devenus obsolètes. Un compositeur moderne, aussi doué soit-il, ne pouvait les suivre sans sacrifier ses prétentions à la reconnaissance.

Nous permettons volontiers à Bach et à Beethoven de nous transporter dans leur époque et nous tirons un rafraîchissement de l'atmosphère naturelle qui les imprègne, mais nous rejetterions un produit moderne qui incarnerait des éléments similaires ; car, dans un tel cas, ils seraient artificiels et non les éléments suggérés et caractéristiques d'une humeur émotionnelle.

La notation, qui définissait les réalisations musicales et adaptait ainsi chaque étape de développement pour servir de tremplin à la formulation de l'art, a mis inexplicablement du temps à arriver.

Il n'y a pas de certitude absolue quant à l' inventeur de notre système actuel d'écriture musicale, mais l'honneur est généralement attribué à Huchbold , de Flandre (840-930). C'était un érudit moine bénédictin et un ardent travailleur dans le domaine de la musique. Huchbold a certainement employé une forme de notation au moins évocatrice de celle actuellement utilisée, mais, selon certains historiens, la notation de Huchbold ses propres écrits mentionnent l'appareil comme s'il n'était pas original avec lui. Il a laissé des exemples d'écriture partielle, qui ne marquent cependant aucune amélioration par rapport aux méthodes implicites des anciens Égyptiens (suggérées par les peintures murales mentionnées au chapitre II), car ses voix progressent en quartes, quintes et octaves parallèles, et n'ont donc aucune signification indépendante.

Le premier exemple de notation moderne se trouve dans la cathédrale de Winchester. C'est le cadre d'une prière et est censé avoir été écrit en 1016. L' Angleterre prétend également avoir fourni le premier exemple de composition contrapuntique, un canon à quatre voix avec deux *basses libres* , écrit en 1240 ou avant. Si cela est authentique, c'est un phénomène, comme « le tonnerre sortant d'un champ ». "ciel clair", car il n'y avait pas à cette époque, ni pendant trois cents ans après, de tendance scientifique manifeste dans les méthodes musicales anglaises. Cette pièce pourrait être un produit direct ou indirect de l'école flamande, dont Huchbold était l'ancêtre.

Ce prêtre érudit, qui s'efforçait de matérialiser et de coordonner les moyens musicaux (et non leur esprit), peut être considéré comme un indice de l'orientation intellectuelle de son époque aux Pays-Bas, dont le peuple, intrépide face aux ennemis humains ou aux plus impitoyables La mer, qui constituait une menace perpétuelle pour leur existence même, consacrait une grande attention au développement des arts et des sciences et à la création d'industries. Leur entreprise intelligente et persistante a muré la mer du Nord et en a fait un serviteur docile, et a créé sur ces marais récupérés une civilisation qui, pendant plusieurs centaines d'années, a représenté les plus hautes réalisations de l'homme.

Ce sérieux de caractère et cette haute culture étaient des éléments propices au développement de la musique, et il existe de nombreuses preuves que leur complément, un sens distinct de l'expression sonore, ne manquait pas, pour Taine, dans son "L'art aux Pays-Bas", dit : "D'autres cultivent la musique ; pour eux, cela semble être un instinct." Il n'est pas étrange que cet instinct, associé à l'esprit perpétuel de Huchbold , ait produit un art formulé à ce stade propice de l'évolution de la musique. La musique elle-même était devenue une impulsion mûre, prête et attendant de telles conditions. L'école flamande a adapté les rapports de tons et a inventé le contrepoint et le canon. Jean Osteghem et son élève Despres furent les plus grands maîtres de cette école initiale qui, pendant près de deux siècles, à partir du milieu du XIVe, fournira à toutes les cours européennes des chanteurs, des instrumentistes et des compositeurs.

Leur musique plus élaborée était écrite pour l'Église et la Réforme a par conséquent mis un frein à leur production, ce qui a grandement simplifié les observances religieuses et fermé les portes des chœurs aux compositeurs d'œuvres ambitieuses.

Avant le développement de l'opéra et l'institution de l'orchestre de concert et du chœur, l'Église était l'unique mécène de la haute activité musicale. Heureusement, les musiciens néerlandais avaient prévenu les conséquences désastreuses de cette révolution religieuse grâce à la création de conservatoires de musique à Venise et à Naples. Ils ont transplanté leurs connaissances et leurs aspirations élevées dans l'Italie ensoleillée et catholique, où ils ont prospéré et porté leurs fruits après que leur terre natale ait cessé d'être musicalement suprême.

Un art nouveau est inévitablement trop conservateur. Les lois naturelles, sur lesquelles il est fondé, obligent ses adeptes à une conformité littérale jusqu'à ce que l'expérience ait développé une idée de leur signification plus large.

Ce ne sont en réalité que des contours rigides, dessinés selon des ajustements artistiques fondamentaux, dont la reconnaissance sauve les lignes courbes des images de notre imagination de l'anomalie et du chaos. Elles sont tout à fait analogues aux connaissances anatomiques indispensables à l'artiste, qui se conforme à ses exigences générales tout en conférant à ses figures un caractère individuel.

La musique néerlandaise de cette époque était plus intellectuelle qu'émotionnelle ; c'est pourquoi, compte tenu des caractéristiques comparatives des deux peuples, nous ne pouvons que considérer la migration du centre de l'activité musicale vers l'Italie comme un événement extrêmement heureux ; outre le fait que ce changement de base évitait un retard dans l'évolution, voire une éventuelle décadence.

Les Italiens émotifs n'auraient pas posé les fondations de la musique aussi profondément ni aussi largement, mais ils étaient bien placés pour apporter grâce et beauté à sa superstructure. L'élément sensuel de la musique est presque entièrement un reflet du tempérament italien. Nous, peuples du Nord, reconnaissant le pouvoir inhérent à cette qualité, la cultivons avec plus ou moins de succès, mais c'est un exotique dans notre nature la plus froide.

Sous l'influence de la musique de caractère italienne, elle commença bientôt à prendre des lignes plus gracieuses, une euphonie plus pure et une signification plus riche. La science s'est développée davantage, mais elle a été traitée comme un moyen, soumis à des conceptions individuelles. Le succès de cette école transplantée des Pays-Bas en Italie culmine avec la production de Palestrina (1524-1594), premier grand prêtre de notre art enfin clarifié.

Les qualités inhérentes à la musique, qui ont été examinées assez longuement dans les chapitres I et II, rendent notre art exclusif. Ils l'entourent, formant un temple extérieur, un temple intérieur et un lieu très saint. Le premier est accessible à tous les adeptes sincères et réactifs de la foi musicale. La seconde est destinée à ceux qui exercent le ministère, des prêtres dédiés au service. Dans le sanctuaire le plus intérieur, qui abrite la présence de notre déesse musicale, seuls les grands prêtres semblables à Aaron sont admis, mais le chant de l'encens qu'ils produisent se diffuse, remplissant les temples intérieurs et extérieurs jusqu'à leurs recoins les plus éloignés. C'est avant tout au ministère de ces grands prêtres que nous devons la culture musicale largement diffusée d'aujourd'hui. Ce sera donc une de mes tâches de retracer l'influence caractéristique de chacune de ces lignes, dont les créations perdureront à travers le temps. Au cours du perfectionnement de la musique , elle était nécessairement devenue de plus en plus exclusive, moins accessible dans son état toujours plus élevé à l'humanité grossière et inculte. Cette exclusivité avait, dès le premier pas de l'évolution, élevé les murs de notre temple aujourd'hui achevé.

PALESTRINE

Avec l'autorisation de EH Schroeder, Berlin

Bien que la plupart de la musique ancienne italienne, comme celle des Pays-Bas, ait été écrite pour l'Église, Palestrina fut le premier compositeur à adopter un ton ecclésiastique clair. La tendance était au génie, avec un assaisonnement de sentimentalité inconvenante, et le pape Marcelli, se rendant compte de l'inopportunité de tels arrangements musicaux, s'entretient avec ce génie naissant et lui commande , en 1563, d'écrire une messe conforme à l'esprit de culte. La troisième tentative de Palestrina aboutit à la grande « Messe du Pape Marcelli », qui est aujourd'hui un modèle aussi acceptable pour la musique d'église qu'il l'était au XVIe siècle.

J'ai choisi Palestrina comme premier grand-prêtre parce que lui, comme ses successeurs Bach, Beethoven, Schubert, Schumann et Wagner, était un créateur, et parce que ses œuvres, comme les leurs, exhalent l'encens du plus saint des saints ; un encens qui, contrairement à tous les autres, gagne en puissance avec le temps.

Les œuvres de Palestrina se caractérisent par un objectif noble et par des méthodes logiquement audacieuses. Sa voix principale était si douce et mélodique qu'elle incitait l'un des musiciens vivants les plus érudits, qui était d'abord un anti- wagnérien, à dire que « Wagner a commencé avec Meyerbeer et a terminé avec Palestrina » ; dans cette dernière comparaison, il s'agit de rendre le plus grand hommage possible aux compétences contrapuntiques et aux méthodes musicales de l'auteur de "Die Meistersinger".

Outre Palestrina, Scarlatti et Pergolesi furent les seuls premiers compositeurs italiens dont la musique a survécu à la génération dans laquelle elle a été écrite. Scarlatti a écrit des opéras, mais c'est grâce à sa musique pour piano-forte que son nom est resté vivant. Pergolesi, apparu sur la scène près de deux cents ans après Palestrina, écrivit des opéras qui furent accueillis avec un enthousiasme fou.

Durant la période de suprématie italienne (1500-1700), de nombreuses formes de composition ont vu le jour et de nombreux dispositifs mécaniques pour enregistrer et interpréter de la musique ont été inventés ou perfectionnés. Parmi les premières figurent la fugue, l'oratorio, dont le second, d'abord réactif (alternant musique et lecture), prend bientôt son caractère actuel, la messe et l'opéra . (Il est étonnant que les opéras "Arianna" et "Orfeo" de Monteverde, produits en 1607-1608, incarnent dans une certaine mesure l'idée de Wagner d'un drame musical cohérent.) L'orgue, le violon et le piano-forte ont été améliorés, le flageolet, la clarionette , le basson, le type de musique, les poinçons et les plaques métalliques ont été inventés, le premier opéra a été construit (à Venise) et les éléments de l'orchestre moderne (instruments à vent, à cordes et à percussion) ont été formellement combinés.

La lumière des Flandres a brillé sur la France et l'Angleterre, a éveillé les habitants de ces pays au sens des possibilités latentes de la musique, et nous les voyons travailler intelligemment et avec de bons résultats ; mais notre objectif actuel est de suivre le courant principal du développement musical, guidé par les « phares » successifs de la réalisation, tout au long de son parcours. Nous retracerons plus tard ces petits affluents.

Au début du XVIIIe siècle, deux lumières d'un éclat éblouissant attirent notre regard de l'Italie vers l'Allemagne. L'influence directe des Pays-Bas, qui fit une impression profonde et durable sur les Allemands lents, mais sérieux, intellectuels et amateurs de chansons, avait éveillé leur susceptibilité et les avait rendus sensibles au développement musical plus mûr de l'Italie.

Le personnage teutonique est moins émotif et impulsif que le personnage italien, mais il est plus méthodique, plus romantique et plus profond. Il ressemble davantage à celui des Néerlandais, mais en mesurant leur statut, il ne faut pas oublier qu'à l'époque où j'écris, deux cents ans se sont écoulés depuis le début de la décadence de la musique dans le premier foyer du Nord. La Réforme, qui a eu un effet si déprimant sur cet art initial, a incité ces gens moins scientifiquement musicaux à chanter. Luther, qui a coordonné la langue allemande moderne, a également adopté un ton de chanson qui a mis les cœurs de sa race dans une vibration sympathique.

Le chœur exprime les couches les plus profondes du caractère allemand, et son esprit résonne à travers leurs œuvres les plus sérieuses, — dans le substrat mentionné au chapitre III. — ainsi la Réforme marque le début de la culture musicale allemande, qui, sous la direction directe et indirecte et L'incitation à la haine en provenance d'Italie s'est considérablement développée et s'est élargie jusqu'au XVIIIe siècle, lorsque l'apparition de Händel et de Bach témoigne d'un virage vers le nord dans le courant du développement.

Les Italiens avaient apporté à ce courant les qualités les plus puissantes de leur nature, et maintenant les Allemands y ajoutèrent leur sentiment profond, leur force intellectuelle et, un peu plus tard, leur romantisme. Comme on le verra, l'Italie n'était pas entrée dans une ère d'inactivité , mais l'Allemagne occupait à cette époque la première place parmi les facteurs d'évolution, place qu'elle occupe toujours.

BACH

Ma théorie sur le caractère essentiel d'un intérêt largement diffusé pour la musique trouve un plein appui dans les conditions qui prévalaient à cette époque et qui perdurent encore en Allemagne. Les chœurs de Luther étaient écrits et chantés par le peuple. Chaque fidèle y trouvait un moyen de transmettre ses sentiments de dévotion. Cette caractéristique du service religieux, cette essence du chant, a progressivement imprégné la vie quotidienne et a porté des fruits merveilleux ; a produit une nation véritablement musicale, dont pourraient surgir notre deuxième grand prêtre, Johann Sebastian Bach, et son contemporain moins allemand, George Frederick Händel.

Avant l'avènement de ces géants, l'Allemagne avait écrit et joué de nombreux opéras et avait manifesté de diverses manières de hautes aspirations, mais ses musiciens n'avaient composé aucune œuvre monumentale.

Ses premiers troubadours, dont Walther von der Vogelweide était le plus grand, et les « Meistersänger », dont Hans Sachs, qui vécut de 1494 à 1576, était le plus doué, n'ont laissé aucune trace de leurs mélodies. L'existence même de ces guildes de Meistersänger depuis des centaines d'années témoigne de la vitalité de leurs objectifs et de leurs objectifs élevés. Poussées vers des réalisations toujours plus élevées par une rivalité amicale, ces guildes ont sans aucun doute beaucoup contribué à la tension lyrique de la nature allemande, et donc à la grandeur ultime de leur « Patrie ». La dernière de ces guildes fut dissoute à Ulm en 1836.

Bach était l'homme le plus puissant qui ait composé de la musique. Un écrivain qui l'a vu a déclaré : « Ses yeux noirs, brillant hors de sa tête massive, ressemblaient à des flammes jaillissant d'un rocher. » Il était le descendant d'une lignée qui était à la fois mentalement et physiquement solide. Son ancêtre le plus lointain était un boulanger qui a émigré de Hongrie en Saxe, et son fils, l'arrière-grand-père de Johann Sebastian, était tisserand de tapis et musicien. Les deux générations successives se consacrèrent exclusivement à la musique et fournirent à la moitié de la Thuringe des musiciens compétents. Leur travail consciencieux, cependant, ne laissait pas présager le point culminant prochain de leurs réalisations familiales.

Johann Sebastian Bach a hérité d'une volonté de fer, d'abnégation et de dévouement à l'art. Ses conceptions s'élevaient si loin au-dessus des traditions existantes, et il faisait si peu pour attirer l'attention du public, qu'il ne fut que peu écouté de son vivant ; en effet, il a fallu un siècle après sa mort et l'appréciation d'un Mendelssohn pour faire comprendre au monde qu'un véritable dieu avait vécu parmi les hommes. Le modeste chantre de l'école Saint- Thomas de Leipzig dut lutter pour subvenir aux besoins de sa nombreuse famille, mais il ne fit aucune concession au goût dominant ; il ne s'est pas écarté des lignes de son idéal pour assurer sa popularité. Il se soumettait patiemment à toutes les corvées d'enseignement qui lui étaient nécessaires pour gagner du pain pour ses enfants, mais lorsqu'il était assis sur son banc d'orgue ou lorsqu'il prenait sa plume en main, il n'admettait d'autre allégeance que celle à l'art, et d'autre impulsion que celle qui l'a incité à la servir avec tous ses pouvoirs.

La force, la dignité, la beauté simple, le pathétique et la grandeur qui caractérisent à leur tour ses conceptions sont si merveilleuses, lorsqu'on les considère comme des produits du XVIIIe siècle, qu'elles et sa sereine indifférence à l'égard de la reconnaissance font de lui un homme unique, un Messie musical.

La polyvalence, la facilité et l'endurance physique de Bach étaient aussi remarquables que la qualité de ses créations. Il écrit pour orgue, piano, violon, pour voix seules, avec orgue ou orchestre, et affirme sa maîtrise dans chacun de ces domaines. Ses écrits conservés occuperaient un copiste dix heures par jour pendant quatorze ans, et pourtant Bach, en l'absence d'autres débouchés, trouva le temps de graver une grande partie de sa propre musique. Il faut espérer que l'appréciation tardive de son personnage et de ses œuvres, qui ont enfin rempli le monde d'adoration, pourra pénétrer dans l'au-delà et réchauffer son cœur envers l'humanité qui, au cours de sa vie, a si peu sondé la profondeur de ses émotions et a échoué. pour voir la grandeur de ses idéaux.

Händel était également formidable, si on ne le compare pas à son plus grand contemporain. Sa meilleure œuvre fut l'oratorio « Israël en Egypte ». Son style était un mélange de grâce italienne et de vigueur allemande. Il était un maître des ressources vocales, et ses œuvres sont donc fortes en sonorité et reconnaissantes tant envers les chanteurs que envers les auditeurs. Händel écrivait couramment, mais avec un sérieux moins soutenu que Bach, et ses compositions ont fait plus pour favoriser le chant choral que toutes les autres agences réunies ; c'est pourquoi le monde musical ne fait que s'acquitter d'une juste dette en lui attribuant la place d'honneur dans ses répertoires vocaux.

De ces deux maîtres, Händel a écrit de manière moins impliquée. Bach s'appuyait sur le développement légitime de ses thèmes, alors que Händel avait souvent recours à des masses tonales, et était plus harmonique que contrapuntique.

Peu après le milieu du XVIIIe siècle, c'est à Vienne que le flot toujours croissant de la culture musicale atteint son paroxysme. Cela résultait tout autant de la contiguïté de la ville avec l'Italie, dont les sources lyriques ne s'étaient en aucun cas taries, que du courant de l'influence septentrionale. L'intelligence musicale était alors devenue si diffuse que des lumières vives apparaissaient en de nombreux points de l'horizon, mais Vienne était rendue resplendissante par une galaxie qui illuminait sa vie musicale et la préparait à nos troisième et quatrième grands prêtres, Beethoven et Schubert.

Les plus brillants de cette galaxie furent Haydn, Mozart et Gluck, qui chacun et tous ont légué au monde des trésors surpassés en valeur seulement par ceux dont notre lignée sacerdotale nous a dotés. "Papa Haydn" a exprimé ses aspirations pures et sa simplicité enfantine dans des symphonies, des quatuors à cordes et d'autres œuvres d'ensemble, ainsi que dans de grandes compositions vocales. La « Création » et les « Saisons » sont ses écrits les plus ambitieux. Peu d'œuvres de Haydn possèdent une grande puissance intellectuelle, mais elles sont aussi rafraîchissantes que les scènes rurales ou les contes bien racontés. Mozart et Gluck seront nécessairement abordés au chapitre V., je vais donc les passer maintenant.

Beethoven était notre troisième grand prêtre, car son apparition un peu plus précoce lui confère la préséance sur son coadjuteur ultérieur. L'école de Vienne était à l'origine ou à l'origine de la forme sonate, avait doté la musique d'une mélodie plus soutenue et plus clairement définie, d'une couleur harmonique plus riche et d'une puissance dramatique, et avait considérablement enrichi l'orchestre ; Beethoven a donc commencé son œuvre avec des ressources bien plus vastes à sa disposition et des traditions plus fertiles dans lesquelles enraciner son art que n'importe lequel de ses prédécesseurs.

Beethoven ressemblait à Bach dans nombre de ses caractéristiques ; il était autonome, virilement tendre et énergique, sans violence. Ses meilleures conceptions sont si élevées et si nobles qu'elles laissent loin derrière elles les fragilités humaines et suggèrent la musique des sphères, mais il était moins constant dans sa fidélité à l'art que Bach ; non pas parce qu'il cédait aux pressions extérieures, mais à cause de sa nature impatiente, qui le poussait parfois à suivre la routine plutôt que d'attendre l'inspiration pour tracer sa voie. Cela a entraîné des erreurs qui, lorsque la crainte aura cédé la place à un jugement discriminant, conduiront le monde musical à rejeter certaines de ses œuvres désormais aveuglément acceptées. C'est à désirer, car ceux qui prétendent ou tirent réellement du plaisir de toutes les œuvres de Beethoven sont soit infidèles à eux-mêmes, soit incapables de réagir à ses moments suprêmes, qui ont produit des merveilles d'expression tonale telles que "Fidelio". » et « l'Héroïque ».

BEETHOVEN

Peu importe les formes que la musique prendra au cours de son évolution ultérieure, les créations plus intensément individuelles de Beethoven conserveront leur caractère monumental, regardant sereinement les générations humaines qui passent comme les Pyramides, mais encore moins périssables qu'elles.

En analysant les méthodes de Beethoven et l'esprit qui imprègne ses compositions, par rapport à celles de Bach, nous devons prendre en compte les différentes conditions sociales et musicales qui prévalaient à leurs époques respectives. L'Europe, au début du XIXe siècle, se débarrassait de ses perruques poudrées et de l'austérité qui en découlait. La culture devenait plus confiante et audacieuse, et la musique reflétait les caractéristiques de son nouvel environnement avec une convivialité et une ampleur accrues. Les méthodes de Beethoven étaient tout à fait opposées à celles employées par Bach. Le premier dessinait de grandes lignes, puis utilisait le contrepoint comme élément contributif, alors que le contrepoint thématique était la substance des créations de Bach, le tissu qui leur donnait forme. Chacun était le reflet des tendances les plus nobles de son temps.

SCHUBERT

Avec l'autorisation de EH Schroeder, Berlin

Je m'approche de Schubert, notre quatrième grand prêtre, dont les ministères, conjugués à ceux de Beethoven, font de leur époque la plus remarquable de la carrière musicale, avec émerveillement pour ses réalisations et regret pour sa vie à moitié vécue. Ce qui a été si joliment dit de Keats : « La vie d'une longue vie condensée en une simple goutte et tombée comme une larme sur la joue du monde pour le faire brûler à jamais », s'appliquerait également à Schubert. Il est né dans une époque où se manifestaient déjà des tendances lyriques, mais il était une source inépuisable, d'où jaillissait une mélodie limpide avec un volume toujours croissant, remplissant à satiété chacun de ses schémas musicaux. La nature a fait de Schubert le plus grand génie musical que le monde ait connu, et si sa vie était parvenue à sa plénitude, il aurait peut-être tiré de sa source émotionnelle de plus grandes symphonies que l'« Do majeur » et l'« Inachevé ».

Schubert est pratiquement l'initiateur de la chanson moderne, qui a été et sera toujours une grande consolation pour l'humanité. C'est en même temps le moyen le plus pratique, parce que le plus facile à comprendre, d'éduquer l'instinct musical à la sympathie avec l'esprit qui imprègne les formes plus élaborées. Les textes associés montrent clairement leur portée musicale, et l'appréciation d'une très bonne composition nous place dans un endroit privilégié à partir duquel nous pouvons mieux comprendre les autres. Schubert avait besoin de la chanson comme d'un exutoire facile pour sa productivité lyrique et en a écrit douze cents sans redondances et avec une signification toujours précise et distinctive.

De nombreux compositeurs doués ont mis leurs imaginations les plus heureuses dans cette forme au coin du feu , mais bien que certains aient chanté avec plus de passion et que d'autres aient placé leurs mélodies dans des décors plus riches, personne n'a été aussi uniformément adéquat que Franz Schubert. Schumann, Franz et Jensen plaisent toujours, et ils excitent souvent notre émerveillement par la beauté et l'adaptabilité de leurs conceptions de chansons, mais les chansons de Schubert n'expriment pas, elles incarnent des humeurs et des sentiments. Son flux mélodique était si frais et fort que dans les compositions instrumentales, il le portait souvent à une longueur inhabituelle. Les Allemands appellent sa symphonie en do majeur « La Symphonie de la longueur céleste ». Cette phrase décrit très bien l'œuvre, car une idée de ses proportions et de la qualité qui les empêche d'être prohibitives est toutes deux exprimée par l'adjectif expressif employé. Schubert n'a guère vécu jusqu'à la maturité, mais il a dispensé des avantages si purs que son nom restera à jamais gravé dans le cœur de ceux qui aiment la musique pure.

Pendant tout ce temps, la culture avait fait de grands progrès, et un coup d'œil global, au moment de la mort de Schubert, aurait révélé toute l'Europe baignée d'enthousiasme musical. Les orchestres furent multipliés et améliorés, des organisations de grands chœurs furent fondées et des institutions pour l'éducation des aspirants musicaux furent créées sous le patronage de divers gouvernements.

De cet état naissent deux lumières brillantes qui attirent notre attention sur l'ancienne maison du Cantor Bach en tant que centre d'influence. Notre courant de développement, qui était un ruisseau lorsqu'il coulait en Flandre, est rapidement devenu un fleuve puissant, et a maintenant débordé de ses rives et formé une grande mer de culture.

Mendelssohn était l'un des personnages les plus sympathiques que l'on puisse rencontrer dans les annales de la musique. Son éducation et son tempérament rendaient presque intuitif l'ajustement adéquat des ressources à la réalisation de ses projets ; mais ses conceptions elles-mêmes, bien qu'invariablement rondes et poétiques, manquent généralement des lignes audacieuses et de la portée profonde qui ont distingué les créations de nos grands prêtres. Les caractères humains, comme les arbres forestiers, semblent avoir besoin d'être exposés à des vents éprouvants qui, s'ils sont résistés avec succès, ne font que renforcer leurs fibres et ameublir le sol autour de leurs racines, de sorte qu'ils puissent s'étendre et s'étendre vers des sources d'impulsions nouvelles et plus profondes. Il se peut que les conditions de vie de Mendelssohn aient été trop paisibles, qu'il ait été trop à l'abri des soucis et de l'adversité pour développer pleinement la profondeur et la noblesse de sa nature, qui transparaît dans certaines parties de « Saint Paul » et « Élie » et imprègne la "Nuit de Walpurgis".

Son caractère joyeux trouvait son expression la plus caractéristique dans des scherzi inimitables et des œuvres de cette classe moins émouvante. L'élégance du style de Mendelssohn, la richesse de ses couleurs et sa personnalité ont provoqué une vague d'imitation dans la production musicale, mais celle-ci s'est rapidement calmée, car seules les méthodes les plus solides supportent la dilution liée à leur adoption par des talents moindres sans dégénérer en une faiblesse insipide. Le plus grand service rendu par Mendelssohn au monde musical a été sa défense persistante de Bach.

Schumann, notre cinquième grand prêtre, dut affronter les difficultés de la vie en rase campagne, n'ayant pas de parapets sociaux et financiers derrière lesquels il pouvait ignorer les « flèches de la fortune scandaleuse ». Son chemin était semé d'épines et n'a été éclairé par aucune reconnaissance jusqu'à sa fin. Schumann n'était pas un maître du contrepoint aussi accompli que Mendelssohn, mais son individualité plus forte et sa sensibilité plus profonde remplissaient ses imaginations de qualités marquantes. Notre art avait pris au cours du quart de siècle précédent plus d'intensité, une plus grande liberté dans la conduite des voix et, enfin, une veine romantique bien définie.

SCHUMANN

Avec l'autorisation de EH Schroeder, Berlin

Les deux premiers faisaient fortement appel à la nature de Schumann, comme en témoignent ses écrits, car les images de ses imaginations ne sont pas des scènes pastorales paisibles, mais dépeignent des tempêtes de passion et des luttes émotionnelles. La romance se manifeste parfois, mais elle n'est pas un élément distinctif. Schumann a écrit quatre symphonies, dont la dernière entendue est toujours la meilleure. Elles comptent parmi les rares œuvres immortelles sous cette forme épique, mais uniquement à cause du caractère individuel de leurs schémas et de la richesse de leur texture musicale, car leurs couleurs instrumentales ne sont pas adéquates. Il réussit aussi bien dans la musique d'ensemble, de chœur et de piano-forte, et ses chansons rivalisent presque avec celles de Schubert, mais curieusement, l'orchestre semble avoir été un livre fermé pour notre cinquième grand prêtre.

Schumann avait, dans son impatience de vaincre la faiblesse de son quatrième doigt ou annulaire, employé un appareil mécanique qui lui boiterait les mains en permanence, anéantissant ainsi ses espoirs de devenir un virtuose du piano. C'est le seul cas enregistré dans lequel des méthodes violentes ont produit des fruits souhaitables ; car ils n'endorment généralement que les nerfs, et aboutissent à une force sans facilité, et à un tonus sans beauté ; en d'autres termes, chez les pianistes en bois. Dans ce cas, ils ont produit un handicap total et ont contraint Schumann à entrer dans sa sphère propre, la création, dans laquelle il a accompli un bien durable, alors que les bénéfices pour l'art, même du plus haut degré de virtuosité, sont relativement éphémères.

Son amour pour le piano-forte l'a amené à étudier de manière approfondie ses capacités et ses limites, la conséquence étant que ses compositions pour cet instrument sont plus reconnaissantes aux doigts et aux oreilles des pianistes que celles de tout autre compositeur classique.

La musique de Schumann est plus complexe que celle de Beethoven ou de Schubert, et sa passion incessante s'exprime dans des rythmes brisés et des composés dissonants qui, quelle que soit leur impression au premier abord, acquièrent une signification naturelle et profonde avec une étroite familiarité. Il fut le premier compositeur à ressentir et à appliquer les immenses ressources expressives inhérentes au rythme.

Le quintette pour cordes et piano-forte de Schumann est l'une des plus grandes pièces de musique d'ensemble jamais écrites, et son concerto pour piano en la mineur est, à mon avis, sans rival. Parmi ses chansons, le cycle "Frauen Liebe und Leben" est , si l'on considère les numéros individuellement, puis dans leurs relations respectives avec sa conception magnifiquement arrondie de la femme, le plus remarquable, bien que "Dichter Liebe" regorge de joyaux, et la "Nuit de Printemps" est une image qui évoque plus une baguette magique qu'un intellect humain.

Notre cinquième grand prêtre n'était pas seul musicien ; c'était un philosophe et le critique le plus compétent que le monde musical ait jamais connu. Il était si large qu'il pouvait être aussi généreux que juste, comme le montraient ses écrits élogieux à l'égard de son rival Mendelssohn. Il estimait correctement l'étape la plus rudimentaire de Wagner et serait sans aucun doute devenu un adepte de la foi nouvelle s'il avait vécu assez longtemps pour en voir les fruits plus mûrs ; car il était toujours sensible aux manifestations d'une véritable capacité créatrice et d'un raisonnement logique.

L'étude de Wagner, la sixième de la ligne, implique d'entrer dans un domaine quelque peu nouveau, et elle nécessitera tellement de place que je lui consacrerai, ainsi que ses formes et ses méthodes, un chapitre séparé. Avant d'entreprendre cette tâche, il serait peut-être bon de retracer certaines des influences tributaires qui, suivant des lignes collatérales, ont contribué à gonfler le courant de la culture musicale. Il serait plus facile d'atteindre cet objectif en analysant les réalisations de chaque nation séparément, en ne mentionnant que les individus et les événements qui ont été des agents actifs dans l'avancement de la cause.

La France a manifesté un intérêt très marqué pour la musique au début de sa deuxième ère, mais ses bonnes intentions ont mis plusieurs centaines d'années à se cristalliser. La création d'une Académie de Musique à Paris (1672) fut le premier événement vraiment marquant de l'histoire de la musique française. Tulli, qui en fut le premier directeur, était un homme très compétent. Il a écrit des opéras chantés en français et il a créé la chrysalide à partir de laquelle notre symphonie a ensuite été développée.

Bien que les cent années suivantes n'aient pas produit de grands hommes, Paris était, à la fin de cette période, devenue attractive et sympathique pour des maîtres tels que Gluck, Cherubini et Piccini. Cela montre qu'elle avait formé une génération d'auditeurs intelligents et au moins une partie des exécutants nécessaires à l'exécution du grand opéra.

En 1795, le Conservatoire a été fondé, événement qui a marqué le début de cet effort sérieux et organisé qui a donné au monde tant d'instrumentistes et de chanteurs rares. La finesse de l'école française est délicieuse lorsqu'elle est appliquée avec une largeur intellectuelle suffisante pour éviter qu'elle ne devienne finaliste. La France a également produit d'innombrables compositeurs, mais rares sont ceux qui ont atteint une renommée passagère. Son peuple est rapide dans ses perceptions, et habile et délicat dans tout ce qui concerne l'esthétique . Ce sont des amateurs enthousiastes de musique qui ne les oblige pas à réfléchir sérieusement lorsqu'ils la suivent, mais ils sont émotionnellement instables.

Berlioz est le seul compositeur français à avoir résisté avec succès à la pression de cet environnement. Il était d'une nature sévère et suivait sans hésitation les inspirations de sa muse, même si elle lui dictait souvent des cours et des méthodes qui empêchaient un succès immédiat auprès du public. Dans sa Messe de Requiem, qui semble bizarre à un observateur occasionnel de la partition, il utilise chacune et toutes les forces exécutives, un immense orchestre avec tous les accessoires possibles, corps de cuivres auxiliaires, chœur et *soli* , avec une telle appréciation de la qualité individuelle. et un jugement si infaillible quant au rôle approprié de chaque qualité dans le grand ensemble, que les effets qu'il obtient non seulement désarment la critique, mais ils remplissent de respect. Pourtant, si l'on scrute attentivement les œuvres de Berlioz, on constate qu'il était plus un Rubens qu'un Rembrandt, car si sa diction était souvent plus erratique que séquentielle, son sens de la couleur était si aigu qu'il l'a amené à inaugurer le mouvement qui est toujours en cours pour purger la musique des renforts *d'unissons pernicieux* .

Parmi les autres compositeurs français notables, Gounod est délicieusement mélodieux, mais trop doux pour être entièrement sain, et Saint-Saëns (à moitié allemand dans son instinct et ses manières) est un maître phénoménal de l'instrumentation, et il est très ingénieux, mais on est rarement convaincu que ses compositions sont issues de germes émotionnels. Massenet, Bizet et d'autres ont écrit ou écrivent une musique charmante, mais elle a peu de substance. Ses charmes sont susceptibles d'effervescence, comme les émotions du public parisien. Les Français semblent réserver tout leur sérieux aux arts les plus tangibles et à la science, auxquels ils ont pleinement contribué.

La carrière musicale de l'Angleterre a été unique. Les habitants de cette petite île douillette de l'autre côté de la Manche devraient être une race enthousiaste et heureuse, car la nature a doté leur terre de fertilité et de beauté, et des siècles de culture habile ont renforcé ces vertus jusqu'à ce que la beauté rurale d'Albion soit aujourd'hui sans égal. Ils ont des traditions exceptionnellement riches, leurs prouesses militaires et leurs réalisations dans les domaines de la littérature, de la science, de l'art pictural et de l'industrie fournissent d'abondants motifs de fierté nationale, mais il est dommage que leurs bénédictions ne les aient pas rendus plus démonstratifs, car la complaisance stoïque n'est pas une règle. un bon terreau pour développer un art émotionnel. C'est pour cette raison que la composition anglaise enregistrée, qui a connu un succès sans précédent au XVIe siècle avec l'invention du madrigal, n'a pas tenu la promesse impliquée par cet événement.

Les Anglais sont une race robuste, et leur climat et leurs divertissements en plein air ont doté leur voix de qualités inhabituellement douces et mélodieuses. Il est donc tout à fait naturel que leurs activités musicales aient été si largement centrées sur le chant choral, qu'ils rendent particulièrement sonore et artistiquement adéquat.

Cette virtuosité chorale n'est pas récente, car elle a attiré Händel au XVIIIe siècle. Mendelssohn l'a également reconnu. Cet amour du chant a été matériellement encouragé par l'Église établie, dont les services élaborés ont fourni aux compositeurs à la fois une incitation et un exutoire. La plupart des œuvres chorales anglaises sont dignes et douces, mais elles manquent d'intensité.

Il est un élément de la vie musicale anglaise (et américaine) dont l'influence néfaste ne peut être facilement surestimée : c'est la ballade populaire. Dans ces textes, les meilleurs textes lyriques, quelle que soit la langue, sont associés à des conceptions musicales qui sont généralement si dénuées de qualités et de significations artistiques, qu'aucun musicien ne les supporterait sans l'auréole jetée sur leur imbécillité par l'art du poète, qui ils profanent.

Les pays scandinaves, ainsi que la Russie, la Pologne et la Hongrie, chacun avec son trésor distinctif de chansons folkloriques et ses traditions romantiques, se sont éveillés, au cours de ce siècle, à une grande activité musicale, et chacun d'eux a produit un ou plusieurs compositeurs qui ont fait un impression sur l'évolution de l'art.

Les premiers nommés nous ont donné Svendsen, Grieg et Hamerik, sans parler de l'artiste mais moins fidèle Gade, avec leurs rythmes étranges et parfois grotesques , leurs contours mélodiques et leurs harmonies. La sensation produite par ces caractéristiques de la chanson scandinave lorsqu'elles ont été portées pour la première fois à la connaissance du monde extérieur a poussé ces hommes talentueux à les incorporer dans leur art. Ce fut une erreur, car la grande musique est aussi vaste que l'univers, tandis que le filon de la chanson nationale est étroit et peu fécond. Si Svendsen avait échappé à l'infection de ce piquant nordique, il aurait peut-être pu s'habiller pour porter des robes de grand prêtre, car ses dotations étaient des plus élevées et ses débuts en tant que compositeur furent étonnamment brillants.

Le type musical russe est moins prononcé que celui des Scandinaves. Ses producteurs se sont donc développés sur une base cosmopolite. Tchaïkowski , qui fut sans égal le compositeur le plus doué que la Russie ait donné au monde, pourra, avec le temps, être reconnu comme l'héritier naturel de notre lignée sacerdotale. Sa puissance émotionnelle, son individualité nette (originalité), son sens fin des valeurs rythmiques et des combinaisons de couleurs, ainsi que son invention lyrique inépuisable le placent à la tête des symphonistes de son époque.

Un événement qui fit honneur à l'empire du tsar fut la naissance dans ses frontières du géant de tous les pianistes, Anton Rubinstein. Je parle de lui comme d'un pianiste plutôt que comme d'un compositeur, car s'il montrait souvent des facultés créatrices peu communes, il était trop diffus et concentrait rarement sa diction tonale sur une force cohérente qui rendrait ses écrits comparables à son jeu.

La Pologne nous a donné Chopin, qui est la seule exception aux règles selon lesquelles j'ai essayé de retracer les étapes successives de l'évolution musicale. Tous les autres compositeurs ont pris des formes et des moyens hérités et les ont moulés dans des formes conformes à l'esprit de leurs conceptions individuelles, et même ces conceptions étaient dans une large mesure le reflet de leur environnement. Beethoven était un grand génie, mais il n'a pas créé de type d'art et n'était donc pas, au sens large, original, alors que Chopin l'était radicalement, ses œuvres ne semblant devoir aucune allégeance aux écoles, et rarement à la nationalité, mais seulement à son âme poétique, dont ils étaient les descendants légitimes.

Ses imaginations sont parfois plus gracieuses que fortes ; ils frisent même, de temps en temps, le sentimental ; Chopin n'a donc pas droit à une place parmi les géants, bien qu'il ait révolutionné la composition pour piano et qu'il ait écrit des choses si belles qu'elles suscitent toujours un nouvel émerveillement. La petite forme semblait mieux convenir à son style spontané ; donc op. 10 et op. 25 et les préludes représentent sans doute mieux l'individualité de Chopin que n'importe quelle autre de ses œuvres.

Franz Liszt est né en Hongrie et, dans ses moments les moins sérieux, utilisait les rythmes, les rebondissements et l'énonciation spasmodique de sa musique nationale. À d'autres moments, il écrit une musique universelle, qu'il caractérise en y insufflant sa riche individualité. L'abbé Docteur était plus fêté et moins gâté que n'importe quel artiste à succès des temps modernes. Il a mené une vie de triomphe depuis sa jeunesse jusqu'à sa vieillesse, et à travers tout cela, il a conservé une modestie simple, un intérêt pour les nouveaux talents et réalisations et une fascination intellectuelle indescriptible.

Rien ne procurait plus de plaisir à Liszt que de donner des conseils ou d'user de son influence au profit d'un talent qui s'efforçait de clarifier ses propres conceptions ou cherchait une publicité indispensable. La liste de ses protégés comprend de nombreux records du monde, comme Raff, Bülow, Tausig et Wagner. Sans la première perception qu'avait « Meister » Liszt du génie alors sous-développé de Wagner, nous n'aurions pas eu de sixième grand prêtre à enregistrer, ni de festivals de Bayreuth.

L'Amérique n'est entrée sur la liste que récemment, car les conditions inhérentes à une nouvelle civilisation rendent la réalisation artistique impossible. Ces conditions étaient catégoriquement mauvaises dans notre pays et ils cédaient à contrecœur aux exigences de l'art. L'intolérance religieuse d'une grande partie de ceux qui sont arrivés pour la première fois en Amérique en quête de liberté de conscience (pour ceux qui pensaient et croyaient comme ils pensaient et croyaient) était mortelle pour l'impulsion artistique. Ils considéraient toute musique non accompagnée de paroles sacrées comme une frivolité qui mettrait leur âme en danger, et ils faisaient preuve de peu de jugement dans le choix de la musique qu'ils utilisaient. Cette vision étroite de notre art a considérablement retardé l'avènement de l'intelligence musicale et a donné naissance à une espèce de « frappeurs de psaumes » qui, avec des adaptations inappropriées de mélodies profanes et de pires tentatives de composition, ont dégradé à la fois la musique et les services de la musique. l'Église et a sapé la vitalité de la tendance artistique lorsqu'elle s'est manifestée pour la première fois. L'Amérique abrite encore certains de ces vampires, mais le jour de l'art arrive sur notre terre et ces créatures des ténèbres vont bientôt disparaître.

Nos progrès ont été lents au début, mais il n'y a pas eu de recul, et les cinquante dernières années ont été témoins d'un progrès magique dans l'intelligence générale et dans la capacité créatrice.

Avant de terminer ce chapitre, je dois retourner en Allemagne et retracer quelques-unes des sources subsidiaires de sa suprématie actuelle.

Le nom "Robert Franz", adopté il y a des années comme *nom de plume par un jeune musicien timide* , est né de la combinaison des prénoms de ses poètes idéaux, Schumann et Schubert. Son succès fut immédiat et il fut bientôt tellement identifié à ce nom que le sien faillit devenir obsolète. Robert Franz était un pur parolier, et ses chansons doivent être placées un peu au-dessous de celles de ses grands modèles. Il a contribué à perpétuer l'esprit du chant et a rendu le monde hommage par ses recherches sur Bach.

Raff était un homme d'une routine surprenante et d'inégalités de mérite non moins étonnantes. Certaines de ses symphonies regorgent de mélodies sensuelles et de couleurs harmoniques, contrapuntiques et instrumentales fraîches, tandis que d'autres sont incompréhensiblement ennuyeuses. "Leonora" et " Im Walde" représentent Raff à son meilleur, et ils sont si forts et si beaux qu'ils garderont pendant de nombreuses années le nom de leur créateur devant le monde musical . Personne ne peut prédire combien de temps la maîtrise des méthodes et des formes de Raff exercera une influence salutaire sur les compositeurs.

Schumann était le parrain musical de Brahms et il prédisait de grands résultats du développement du talent de son filleul. Il existe de nombreuses divergences d'opinions quant à savoir si la prophétie de Schumann s'est réalisée, mais de nombreux critiques compétents sont du côté affirmatif. Brahms a, au moins d'une manière, montré qu'il possédait des qualités absolument grandes : sa productivité n'épuisait pas, mais augmentait la vitalité de ses conceptions. C'était un artiste avec qui les générations futures auront affaire, mais il n'a pas fait époque.

CHAPITRE V
WAGNER ET LE DRAME MUSICAL

Il est tout à fait approprié de consacrer un chapitre à Richard Wagner, car ses œuvres ultérieures ne sont pas seulement des exemples de l'emploi le plus habile et le plus judicieux des ressources contrapuntiques et instrumentales dont lui, comme ses contemporains, a hérité du passé, mais elles montrent comment un génie audacieux peut poursuivre ses objectifs en toute sécurité au-delà des sentiers battus, dans des régions inexplorées de l'expression tonale.

Pourquoi le génie peut-il faire cela, qui est si uniformément fatal aux moins doués ? C'est en raison de sa compréhension globale de la séquence logique et de son choix intuitif de moyens adaptables.

Le génie mûr est un talent certain qui a été soumis à une discipline exhaustive, qui connaît les traditions et qui connaît pleinement les formes pédantes, mais qui est guidé par un sentiment artistique engendré par cette connaissance, et non par la connaissance elle-même.

C'est une loi en soi. Il conçoit un tableau, un poème ou un sentiment musical et nous le communique par des moyens souvent aussi inconnus que l'est l'effet de l'original dans son ensemble ; car il évite généralement les ornières des chemins parcourus, sa vision dégagée du but objectif lui permettant de suivre les sentiers les moins fréquentés au bord des cours d'eau ou au sommet des montagnes.

Wagner était, dans les trente dernières années de sa vie, un génie mûr. Il était le sixième de nos grands prêtres musicaux et il a rempli le temple de l'art d'un encens chanté caractéristique qui imprégnera son atmosphère aussi longtemps que les passions humaines continueront à fournir l'impulsion artistique.

Il existe une classe de pédants qui se contentent encore de qualifier la musique de Wagner d'artificielle ; mais ces critiques à courte vue ne peuvent pas ou ne veulent pas examiner correctement le champ de son activité et ses fruits. Aucun esprit humain ne pourrait, à moins d'être poussé par un sentiment naturel et séquentiel et une imagination virile, écrire ne serait-ce qu'un de ses drames ultérieurs sans de multiples démonstrations de faiblesse dans les redondances et les manques de signification. Le fait que les œuvres de Wagner, à partir des "Meistersinger", ne montrent que peu, voire aucun, de moments aussi stériles, témoigne suffisamment de leur croissance naturelle à partir de germes musicaux.

Un grand créateur incite toujours un grand nombre de gens de moindre importance à imiter ses méthodes, mais peu d'entre eux y parviennent. Wagner n'est cependant pas responsable des effets vagues de ses moyens dramatiques, lorsqu'ils sont transplantés dans des ouvertures wagnériennes et des poèmes symphoniques. Il a développé des situations qui ont rendu ces moyens légitimes et significatifs ; isolés, ils tombent dans une étrange artificialité. Même si nous ne pouvons manquer d'être influencés par les éléments que Wagner a ajoutés aux ressources tonales, ils doivent, comme tous les autres éléments, être appliqués parce qu'ils s'adaptent le mieux au développement du schéma musical en cours, et non en raison de leur nouveauté.

"Un prophète n'est sans honneur que dans son propre pays." Cela a été illustré de manière frappante par l'attitude des professionnels de Leipzig à l'égard de Wagner au cours des premières étapes de sa carrière. Leipzig était alors considérée par le monde extérieur comme le centre musical de l'univers, la Mecque au baume magique, dispensé par un sacerdoce dont Mahomet était Mendelssohn.

La ville était un haut lieu du savoir depuis la première partie du XVe siècle, avait eu Bach comme chantre de son « école Saint-Thomas », avait maintenu pendant de longues années ses concerts au « Gewandhaus » et était le centre culturel le plus important du monde. le plus grand de tous les marchés de vente de livres et de musique.

Ces circonstances se sont combinées pour que Leipzig se démarque en relief sur la carte du monde, mais il a fallu le magnétisme de Mendelssohn pour rendre ses attraits irrésistibles.

Le corps professoral du Conservatoire de l'époque comprenait tous les musiciens les plus éminents domiciliés à Leipzig, car la ville était trop petite pour fournir des adhérents à des partis ou factions contraires aux idées comme il en existe dans les grandes villes. Mendelssohn avait mobilisé ses forces dans un souci aigu de l'harmonie, mais leur credo, bien que plaçant à juste titre Bach comme la pierre angulaire de la foi musicale, était trop étroit dans ses principes pour admettre à la communion ceux dont la fantaisie les faisait sortir du cadre traditionnel . formes . Ils étaient même tièdes envers Schumann, qui avait vécu parmi eux, avait créé une époque, [A] et avait apporté des trésors à une littérature musicale si lumineuse de génie qu'à mesure que les brumes des préjugés se dissipent, ils éclipseront à jamais toutes les productions contemporaines de les diverses formes qu'ils ont suivies. L'audace sauvage de l'originalité n'était aux yeux du pédagogue de Leipzig qu'une démonstration d'ignorance grossière. Ceux qui ne pouvaient pas ou ne voulaient pas reconnaître le grand cœur palpitant de Schumann dans ses écrits, parce qu'il ne suivait pas toujours les formules prescrites dans l'expression de son individualité, auraient naturellement rejeté Wagner, car ses œuvres antérieures n'étaient pas coulées dans les moules classiques .

Les créations de Wagner qui avaient été présentées au public avant 1860 se caractérisaient par peu de divergences par rapport aux schémas de Weber et Meyerbeer. Les harmonies wagnériennes étaient cependant trop fortes pour le critique de Leipzig, mais le public affluait pour les entendre et en était content.

Les idées originales trouvent souvent la première reconnaissance parmi les non-professionnels, car les dirigeants musicaux sont tellement saturés de pédantisme que les étincelles du génie ne peuvent pas rapidement les enthousiasmer.

En 1862, les directeurs du Gewandhaus firent une grande concession ; ils invitèrent Richard Wagner à diriger son « Ouverture de Tannhäuser » lors d'un de leurs concerts. Ce fut une erreur fatale, car son triomphe fut complet et leur influence en tant qu'opposants à la « musique du futur » s'en trouva d'autant affaiblie. J'ai longuement parlé de Leipzig, non pas parce que c'était la ville natale de Wagner, mais parce que c'est de cette ville, malgré son intolérance et sa petitesse, que partait le seul chemin court vers le succès. L'approbation de Leipzig était une preuve universellement acceptée.

Wagner avait trouvé cette voie directe barrée, et ses errances pour surmonter ou contourner les obstacles ont duré de nombreuses années, mais sa foi est restée inébranlable et il a atteint le but de son ambition un homme beaucoup plus fort en raison des difficultés qu'il avait surmontées. Son apparition au Gewandhaus n'était qu'une étape sur sa route vers un succès déjà assuré, et non son point de départ.

Wagner considérait l'opéra comme une succession de pièces pour solo, ensemble et chœur, enchaînées sur des intrigues souvent trop minces pour leur donner une cohérence.

Les textes avaient été soumis à la musique, et cela, à son tour, à la commodité et à l'ambition du chanteur en matière d'affichage. Les opéras ont été écrits dès le XIIIe siècle, mais Cherubini fut le premier Italien et Gluck le premier Allemand à produire des œuvres qui ont survécu. Cherubini fut suivi par Rossini, un homme de génie, mais trop indolent pour développer pleinement ses dons. Si ses belles mélodies sensuelles avaient été placées dans des décors plus riches, si une réflexion plus sérieuse avait été ajoutée à sa spontanéité, ses opéras auraient pris leur place parmi les créations éternelles.

Les éclairs de génie finissent par lasser. C'est la lumière constante du génie, nourrie par la connaissance et le sérieux (comme chez Beethoven, Schubert et Schumann), qui peut retenir l'attention du monde de manière reposante, c'est-à-dire perpétuellement.

Bellini, avec "Norma" et " Sonnambula ", et Donizetti, avec "Lucia di Lammermoor" et "Lucretia Borgia", occupent toujours une place sur la scène lyrique, mais leur emprise s'affaiblit. Verdi était le mieux équipé de tous les compositeurs d'opéra italiens, et son "Trovatore", avec ses perles rares, couronnera sa mémoire jusqu'à la fin des temps musicaux. Ses œuvres ultérieures, « Aïda », « Othello » et « Falstaff », écrites sous l'influence de la période wagnérienne, sont très différentes de ses opéras antérieurs par l'instrumentation et le traitement des thèmes. En eux, il est plus logique et plus fort, mais moins sensuel. Ils fournissent les premiers exemples de musique italienne vêtue de costumes étrangers ; de la musique italienne écrite sous la pression de l'extérieur. Jusqu'à récemment, c'était à l'Italie qu'il appartenait d'exercer son influence sur le monde musical. J'interprète les concessions de Verdi à Wagner comme l'adhésion la plus ferme possible aux idées de ce dernier. Aucun autre compositeur n'était en mesure de rendre un tel hommage au sens artistique puissant et profond de Wagner.

Les compositeurs italiens de la nouvelle école sont des brigands musicaux qui, pendant un court instant, ont réussi à recevoir l'hommage du monde musical. Leur chef, Mascagni, a fait un raid si sensationnel avec sa "Cavalleria Rusticana" que la jeune Italie a sauté dans la brèche qu'il a faite et a évidemment pensé à prendre possession de notre temple, malgré son manque d'équipement et de discipline. Même si peu d'années se sont écoulées depuis cette attaque contre l'art, ses épisodes sont déjà relégués au rang de souvenirs troublants.

La « Cavalleria Rusticana », la première et la meilleure de sa catégorie, a quelques mérites ; il est court, mélodieux et dramatique, mais ses mélodies sont souvent sentimentales et ses arguments dramatiques sont généralement développés grâce à l'emploi audacieux de moyens bruts. L'influence directe de cette œuvre et sa réception conspirèrent à nuire à l'art.

Gluck était un Teuton et, bien qu'il ait été éduqué en Italie et adopté par la France, on peut à juste titre l'appeler le père de l'opéra allemand. Ses « Iphigénie en Tauride » et « Orphée et Eurydice » seront toujours considérés comme des modèles classiques de l'écriture lyrique. Les schémas de Gluck différaient peu de ceux de l'école italienne, mais ses méthodes harmoniques et instrumentales étaient allemandes.

Mozart était une combinaison phénoménale d'incohérences. Sa routine et son génie créatif étaient du plus haut niveau, sa spontanéité et sa finition rendent sa musique délicieuse aussi bien pour les amateurs que pour les musiciens, mais il semble rarement prendre les choses au sérieux. "Don Juan

", le "Requiem" et ses quatuors à cordes font exception, car il y est sérieux et rend pleinement justice à son génie.

Beethoven nous a donné "Fidelio". Il était également doté de Mozart, mais était motivé dans ce qu'il faisait par un sentiment sérieux et profond. "Fidelio", bien que construit sur des lignes anciennes et désormais abandonnées, ne passera au second plan (musicalement) que lorsque surgira un génie capable d'écrire des symphonies pour remplacer les neuf de Beethoven. Dans "Fidelio", on retrouve toujours l'enchaînement de morceaux bien définis, mais ils sont riches en harmonisation et en polyphonie.

Weber a fait une grande impression sur l'opéra. Son utilisation audacieuse de l'orchestre et de la modulation a ouvert de nouveaux champs de possibilités, et l'on peut se demander si l'opéra allemand moderne serait devenu ce qu'il est si Weber n'avait pas vécu. Il était doué d'une réserve mélodique inépuisable, était à la hauteur de toutes les situations dramatiques, aussi exigeantes soient-elles, et savait courtiser la faveur populaire sans déprécier son art, qualité très rare. Weber fut d'abord le modèle de Wagner, tandis que "Rienzi" et "Der Fliegende Holländer " portent une nette impression de Weber.

Meyerbeer était un Allemand, mais il adopta très tôt les méthodes italiennes. C'était un excellent homme d'affaires, doté de moyens considérables et qui a donc obtenu une reconnaissance méritée au début de sa carrière, au lieu d'avoir vécu presque une vie d'espoirs différés, comme c'est généralement le cas du bon musicien. Meyerbeer est mélodieux et souvent dramatique, mais contrairement à Weber, il déprécie parfois son art en répondant aux goûts du public. Sa musique de spectacle et de ballet sont les éléments les plus caractéristiques et les plus impressionnants de ses opéras.

Wagner exprimait son mépris pour Meyerbeer, mais reconnaissait évidemment la grandeur du spectacle lyrique dont il était le créateur. Nous voyons des preuves de cette phase de l'influence de Meyerbeer jusqu'à ce que nous passions le stade « Lohengrin ».

De nombreux autres bons opéras ont été produits au cours de la première moitié de ce siècle, mais comme ils ne constituaient pas des facteurs potentiels d'évolution de l'opéra, je ne les mentionnerai qu'en passant.

Adam a écrit « Postillion » ; Auber, « Fra Diavolo », « Die Stumme von Portici », etc. ; Flotow, "Martha" et "Alessandro Stradella " ; Hérold , "Zampa" ; Kreutzer, « Nuits de Grenade » ; Lortzing , « Der Waffenschmied », « Der Czar und Zimmermann », etc. ; Marschner, "Hans Heiling", "Der Templer und die Jüdin " et "Der Vampyre ;" Nicolaï, « Les Joyeuses Commères » ; Spohr, « Jessonda » et « Faust », et Schumann, « Genoveva ». Tous ces opéras sont encore donnés au moins occasionnellement, et la plupart sont d'excellentes compositions musicales.

La situation à l'époque où Wagner manifesta pour la première fois une tendance marquée vers le drame musical était la suivante : Gluck avait offert au monde ses deux grandes œuvres, qui, avec "Fidelio", "Don Juan", "La Flûte enchantée", "Les Noces de Figaro", "Der Freischutz " et "Oberon" de l'Allemand, et "Trovatore", "Guillaume Tell", "Norma", "Lucia di Lammermoor", "La Sonnambula ", "Robert le Diable , "Der Prophet" et "Die Hugenotten " de l'italien, étaient les exemples les plus marquants et les meilleurs d'écriture d'opéra.

Bien que les premiers pas vers l'émancipation de l'opéra des incohérences aient été le résultat de conditions plutôt que de préméditation, Wagner avait assez de génie pour apprécier la puissance inhérente à l'enchaînement logique : une puissance qui, comparée à celle résultant de modes excentriques, est comme le le progrès des âges à celui d'une feuille portée par le vent. La séquence logique avance avec un élan irrésistible, tandis que la diction fragmentaire est agitée par tous les vents de caprice.

La condition qui a le plus influencé les conceptions de Wagner était sa relation en tant que poète avec ses entreprises musicales. Il fut à chaque fois d'abord poète puis compositeur, et rien n'aurait pu être plus naturel que sa disposition précoce, manifestée à protéger ses textes contre des interprétations déformées et déconnectées. Cette disposition s'est accrue à mesure que, grâce à l'expérience, sa compréhension devenait de plus en plus complète. Il n'y a eu aucun recul dans sa carrière. C'était comme ses projets, conséquents, avançant sans hésitation depuis le début jusqu'à leur pleine réalisation dans « Parsifal » et « Tristan et Isolde ».

Wagner eut le courage suffisant pour le soutenir dans la poursuite de ses conceptions à travers le ridicule, le besoin et l'absence presque totale d'amitié. Aucun découragement ne pouvait le détourner de la teneur égale de la voie qu'il avait choisie. Ses premiers opéras, bien que leurs textes fussent traités avec un respect inhabituel, donnaient peu d'indications sur la révolution qui allait être accomplie par leur auteur, et il est extrêmement douteux que Wagner ait à cette époque une conception vague même de cet idéal ultérieur, qu'à cette époque et une expérience s'est développée, dans laquelle la musique et l'élément pictural devaient non seulement collaborer, mais aussi reproduire les situations et les sentiments de ses poèmes.

Ce type de peinture sonore, dans lequel le compositeur s'efforce de conférer à ses phrases musicales une signification définie, est justifiable et efficace lorsqu'elles sont si étroitement associées dans l'exécution au texte motif qu'elles tirent une franchise de son caractère plus tangible. De tels efforts ne doivent pas être assimilés à ce qu'on appelle la musique à programme.

"La Gendarmerie Holländer ", "Rienzi" et "Tannhäuser" auraient pu être produits grâce à la coopération de Weber et Meyerbeer, avec l'individualité de Wagner comme saveur. Dans eux, les voix reçoivent des mélodies sous une forme claire et contiennent des pompeux Meyerbeerismes . presque bizarre. Cette saveur wagnérienne, qui consistait en grande partie dans un mépris des lois harmoniques et des relations clés, comme dicté par l'école pédante, a séduit le public, mais elle a suscité l'opposition violente des musiciens plus âgés. Ils ont dénoncé Wagner comme un ignorant fou. et ses opéras comme des abominations.

D'un point de vue théorique, il y avait dans les œuvres antérieures de Wagner quelque chose qui justifiait dans une certaine mesure ses critiques. Il n'était pas un bon contrepointiste et il violait par conséquent les principes de la structure musicale alors que la conformité aurait été plus adéquate.

Les relations qu'entretient la diction musicale plastique avec les règles élémentaires de la science tonale sont si peu comprises, et une compréhension claire de ces relations est si importante, que je me sens autorisé à répéter sous une forme différente ce qui a été dit dans un chapitre précédent , à savoir. , que la théorie musicale dans son ensemble n'est que la codification des ajustements de la nature. Des exigences extraordinaires autorisent des moyens et des modes exceptionnels, mais lorsque les compositeurs abandonnent la lettre des principes musicaux et y substituent la loi supérieure de la compensation, ils entrent dans un domaine dans lequel les pièges abondent et dans lequel seul un jugement aigu, fondé sur une érudition expérimentée, peut guidez-les en toute sécurité.

Cette loi de compensation nous permet de faire abstraction des lois élémentaires, lorsque la nature de la situation est telle qu'elle justifie et concilie notre sens musical à des combinaisons ou des successions qui, sans cette justification, paraîtraient grossières et fautives. L'habitude de ce qu'on appelle l'écriture libre est des plus pernicieuses, car la compensation doit légitimer chaque irrégularité, sinon nous tombons dans l'incohérence.

Wagner était un homme ferme, mais tout aussi réfléchi, et bien qu'apparemment peu perturbé par le cyclone de critiques évoqué par ses compositions, il a vu ses points vulnérables et s'est immédiatement mis à les fortifier. Il étudia le contrepoint de manière exhaustive, prenant Bach comme modèle et mémorisant plusieurs des œuvres les plus caractéristiques de ce maître. Il a ensuite donné au monde "Die Meistersinger" comme fruit de son travail, et a ainsi fait taire à jamais les honnêtes ergoteurs qui avaient fondé leurs critiques défavorables sur son ignorance, car cette œuvre est un exemple sublime de virtuosité contrapuntique, et elle marque le début d'une nouvelle ère dans le développement de Wagner en tant que musicien . Ses compositions orchestrales ayant suivi le rythme de sa croissance musicale, avaient mûri, s'étaient tempérées, c'est pourquoi "Die Meistersinger" est l'une des plus belles compositions de tous les temps et nous y avons l'annonce claire de la nouvelle donne.

Des tonnes de littérature ont été imprimées, ayant pour sujets "La musique du futur", "Wagner" et "Le drame musical", dont certains auteurs ont été convenablement équipés (bons musiciens et hommes libéralement instruits). mais d'autres étaient des charognards littéraires. Les anciens, sur le pied de guerre depuis que Wagner est devenu une pomme de discorde, commencent seulement maintenant à discuter sereinement de ses créations. La plupart d'entre eux étaient tout naturellement opposés à Wagner, car le goût le plus piquant des écrits du critique instruit est le pédantisme. Il préfère les traditions sans originalité à l'originalité qui n'est pas conforme aux traditions.

Les premières œuvres de Wagner paralysèrent presque ces messieurs, et ils mirent longtemps à oublier et à pardonner le choc. Leurs critiques étaient terriblement acerbes, mais, comme je l'ai déjà mentionné, elles contribuèrent à la création du drame musical, dans la mesure où, en soulignant de véritables défauts et faiblesses, elles amenèrent Wagner à élargir son érudition. Ces critiques ont du mal à déposer les armes, alors que la bataille est terminée et que Wagner est mort en pleine possession du terrain. Les rares sympathisants de Wagner furent tout aussi intempérants dans leurs éloges que ses adversaires dans leurs critiques. C'étaient des idolâtres aveugles et Wagner était leur « veau d'or » musical.

L'essence du credo sur lequel est basée la nouvelle dispensation est la cohérence logique. La poésie, la musique et les « affaires scéniques » sont par là tenues de coopérer pour exprimer les sentiments et transmettre les fils des projets dramatiques. Chacun de ces arts est entièrement essentiel aux créations de Wagner. Ses textes sont des statues auxquelles la musique, la mise en scène et l'action donnent vie. C'est pourquoi personne ne peut espérer suivre intelligemment Wagner qui commence sans s'être familiarisé avec ses poèmes. Ses textes ultérieurs sont des épopées héroïques sans précédent. Leur adaptabilité et leur suggestivité musicale sont phénoménales. Ils n'auraient pu être réalisés que par un musicien-poète qui avait en vue ses tableaux terminés lors de leur écriture.

Ils contiennent une grande quantité d'espèces de peinture de mots, c'est-à-dire l'emploi de mots dont les sons mêmes sont expressifs. Je me souviens bien de l'hilarité suscitée parmi les anti-wagnériens par le texte des "Nibelungen", publié quelques années avant la représentation des opéras . Des satires et des parodies ont été écrites ; Wagner a été décrit courtisant sa muse vêtue de vêtements fantaisistes adaptés au caractère du sujet traité. C'était une période heureuse pour ses adversaires. Les textes d'opéra qui n'étaient pas des paroles sentimentales étaient incompréhensibles. L'« Appel de la Walkyrie » était pour eux le comble de l'inanité ; mais ceux qui ont entendu sa mise en musique comprendront facilement comment son interprétation a fait taire ces moqueurs dans un silence respectueux. Je mentionne cet "appel" parce que la plupart des musiciens l'ont entendu et se sont interrogés sur sa capacité d'adaptation.

Wagner accordait le plus grand soin à chacune des tâches qu'il entreprenait ; ses effets sont donc moins accidentels que ceux de tout autre compositeur. Il avait l'habitude de rédiger trois manuscrits, à savoir une esquisse dans laquelle les contours de la forme et du caractère étaient définis, puis une partition dans laquelle le matériel contrapuntique et instrumental était développé, et enfin un manuscrit dans lequel, après de nombreuses la pesée et le classement, chaque détail du marquage dynamique, etc., n'étaient pas indiqués approximativement mais précisément. Un crescendo ou un decrescendo wagnérien doit commencer et se terminer avec les notes et la force dynamique prescrites par le maître, sinon nous manquons la pleine réalisation de ses tableaux. En obtenant la couleur instrumentale, il était susceptible de marquer différemment les différentes parties jouées ensemble, allant du forte au pianissimo, selon la combinaison et les registres des instruments employés.

Wagner ne laissait rien ou presque rien à la discrétion du chef d'orchestre. Néanmoins, rares sont ceux qui possèdent la perception fine et délicate requise pour comprendre ses objectifs, et encore moins ceux qui ont le pouvoir de contrôler leurs forces de manière à assurer leur accomplissement.

Nous allons maintenant examiner certaines des méthodes de traitement musical de Wagner. En premier lieu, on trouve l'Ouverture remplacée par le Vorspiel (prélude ou introduction). La première, dans sa complétude indépendante, répondant plus ou moins aux exigences de la forme sonate , était tout à fait en place lorsque les opéras étaient constitués de pièces détachées ; tandis que le « Vorspiel », qui est analogue au prologue dramatique, est mieux adapté à la forme plus nouvelle. Il est composé, ou du moins il introduit, les thèmes centraux du drame qu'il précède. Dans le prélude de Parsifal, qui commence par le thème *de la communion* , Wagner lui a accordé, ainsi qu'aux motifs *du Graal* et *de la foi* , des places d'honneur. Ils sont en effet le fondement sur lequel repose tout le drame et les clés de ses situations. On retrouve la forme finale traditionnelle (Coda) qui brille par son absence, le prélude précédant et clôturant les tons d'ouverture du premier acte. Cette omission est heureuse, car tous les auditeurs musicaux attentifs ont dû être dérangés à maintes reprises par les longs effets de fanfare que la coutume a placés à la fin des morceaux musicaux. Ce sont des reliques de la barbarie auxquelles même le génie de Beethoven ne pouvait conférer une signification logique. Le compositeur qui, après avoir terminé le développement de ses thèmes, après avoir dit ce qu'il avait à dire, ajoute une forme finale composée soit de matériaux nouveaux, soit d'anciens présentés sans conséquence, sacrifie la symétrie et la force vitale.

Si la coutume exigeait que les poètes attachent des vers d'Alléluia-Hosanna à leurs poèmes terminés, le résultat ne serait pas intrinsèquement plus incongru que celui produit par la coda musicale moyenne. Un morceau de musique doit se terminer rondement, par une péroraison, mais cette péroraison doit être adaptée au caractère et à la durée de ce qui l'a précédé, doit naître des thèmes à partir desquels le morceau a été développé et faire partie intégrante du morceau. la totalité. L'intangibilité souvent évoquée de notre art semble induire la timidité parmi ses adeptes, et malheureusement cette timidité est souvent la plus grande chez ceux qui sont les mieux placés pour introduire des innovations.

Nous examinerons ensuite les traitements vocaux des textes de Wagner. En suivant son parcours depuis le début, on constate que les parties du chanteur deviennent de moins en moins mélodiques, mais l'auditeur, sinon le chanteur, a une compensation plus qu'adéquate pour cette perte de qualité lyrique par la puissance dramatique acquise. Revenant à notre comparaison de la statue, la mise en scène et l'orchestre créent une ambiance, et le chanteur insuffle au texte le souffle qui le lance dans la vie.

Dans ses drames ultérieurs, Wagner fait des parties vocales une pure déclamation musicale. Il s'efforce, et réussit généralement, d'intensifier les effets élocutoires par des changements de hauteur et de rythme expressif, mais accorde peu d'attention à la convenance du chanteur et aux limitations de sa voix. Les rôles du chanteur sont donc très difficiles à apprendre et épuisants à chanter, et ils offrent si peu de possibilités d'expression que seul l'amour de l'art, fortement parfumé d'abnégation, pourrait inciter les chanteurs à les essayer.

Mon étude des œuvres de Wagner a considérablement accru mon respect pour l'intellect des chanteurs wagnériens. Tout homme ou toute femme capable de chanter de manière acceptable un rôle principal dans l'un des drames musicaux doit être doté d'une gorge et de poumons solides et doit avoir acquis une méthode vocale irréprochable.

Il est presque inutile de dire que les textes sont rédigés sans aucune de ces vieilles répétitions illogiques auxquelles se livraient les compositeurs, afin que les pensées heureuses – les bons épisodes musicaux – puissent être amplifiées. Wagner n'a jamais perdu de vue son idée centrale et a tout fait se plier à sa pleine réalisation.

Son orchestre n'accompagne pas, dans l'acception commune de ce terme, mais chante dans sa mélodie à plusieurs voix les sentiments et les ambiances suggérés par le texte. Le principal moyen utilisé pour atteindre ce but est le « Leit Motif ». Ses auxiliaires sont les innombrables nuances de couleurs harmoniques et instrumentales que commandait Wagner.

Ces « Leit Motifs » (thèmes principaux et caractéristiques) constituent le vocabulaire de Wagner. Ils lui exprimaient des personnalités, des humeurs ou des sentiments, selon le cas, et ils étaient par conséquent choisis pour les incarner dans ses projets. Ils se composent parfois de quelques tons, et encore de phrases. Ils apparaissent sous des formes variées pour s'adapter aux conditions changeantes, mais leurs imitations ne sont rendues plus claires que par leur adaptabilité élastique. Ces thèmes apparaissent rarement dans les parties vocales, mais Wagner leur fait exprimer, par l'adaptation et l'instrumentation, chaque nuance, du soleil à la tempête, de l'amour, de la confiance et de l'adoration, à la colère, à la peur et à la haine, et suit ainsi son texte sur lignes parallèles, musique à côté et renforçant la poésie.

Les exigences de Wagner envers le menuisier et le peintre de scènes sont si grandes que seuls les grands théâtres dotés de moyens suffisants peuvent réaliser correctement ses idées d'illustration picturale. Il possédait un talent remarquable pour inventer des effets scéniques et ignorait les coûts.

Wagner est à l'origine de l'idée de faire en sorte que la scène dépasse l'espace alloué à l'orchestre, ce dont l'effet a été bon dans la plupart des cas où il a été appliqué. Il a deux avantages par rapport au placement commun, à savoir qu'il rapproche le chanteur de son auditoire, ce qui facilite sa tâche de se faire comprendre, et qu'il a une tendance reconnaissante à supprimer les cuivres tapageurs, qui ont un moyen, lorsqu'ils sont placés devant. de la scène, de faire oublier les chanteurs. J'ai vu des chanteurs lutter avec leurs muscles tendus et leurs veines gonflées pour atteindre un point culminant vocal sans autre résultat qu'un spectacle héroïque.

Lorsqu'un chef d'orchestre laisse ses cuivres enterrer sous leur bruit les éléments les plus modestes de son orchestre, il fait preuve d'incapacité, soit d'un manque de contrôle, soit d'une conception grossière de leur mission, et comme cette incapacité est assez courante, tout dispositif mécanique qui assurera la modération de la part de nos amis affirmés qui jouent des trompettes et des trombones est digne d'éloges.

Voyons maintenant ce qui peut être fait pour nous mettre encore plus étroitement en sympathie avec le maître, et pour mieux nous préparer à suivre intelligemment ses créations. Suivre intelligemment n'implique pas simplement la reconnaissance d'épisodes d'une signification ou d'une beauté particulière, mais bien plus encore : cela implique la perte d'aucun détail contributif et une compréhension aisée des moyens combinés.

Une étude approfondie seule peut rendre cela possible. Son importance doit servir d'excuse à mon retour sur le sujet des textes. Il ne faut jamais emmener un livre dans un opéra, mais le rendre superflu par des lectures sérieuses et répétées à la maison. Nous devrions au moins nous familiariser avec le texte des œuvres dignes d'être entendues, afin de pouvoir anticiper les situations et rester en contact avec chaque détail de l'action et chaque nuance de sens. Ceci étant accompli et après nous être familiarisés avec les Leit Motifs les plus importants, nous serons intellectuellement équipés pour suivre le maître dans le développement de son drame musical selon les lignes et à travers les méthodes que nous avons envisagées.

Je ne veux pas prétendre que les conditions les plus favorables nous permettraient de bien comprendre les intentions, ou de découvrir tous les points de beauté et de force en une seule écoute ; notre étude aurait cependant dû nous placer tout à fait à l'intérieur de la froide ligne de curiosité. Nous aurions droit à un sens créatif semblable à celui ressenti par un collègue de travail : notre nature aurait été rendue acoustiquement réceptive et réactive.

NOTE DE BAS DE PAGE:

[A] Les compositeurs qui créent des formes ou des méthodes qui se recommandent au monde musical parce qu'ils expriment des avancées reconnaissables dans l'expression artistique, créent des périodes. Mendelssohn était, dans ses humeurs les plus sérieuses, un Bach modernisé. Il n'a pas créé de formes, mais a adapté celles de son grand idéal à nos habitudes de pensée et de sentiment du XIXe siècle. Il l'a fait de manière inimitable, mais il était plus accompli que énergique ou audacieux, et son empreinte sur l'art n'était par conséquent pas profonde, bien qu'extrêmement salutaire.

CHAPITRE VI
QUELS SONT LES FACTEURS D'INFLUENCE POUR DÉCIDER DES DESTINÉS MUSICALES ? QUI DOIT ÊTRE NOTRE SEPTIÈME GRAND-PRÊTRE ?

Pour des raisons inhérentes à la fois à la musique elle-même et aux perceptions paresseuses et préjugées de l'homme, les très grands compositeurs doivent généralement attendre plus longtemps pour être reconnus que ceux aux capacités médiocres. Une musique digne de considération est aussi individuelle que les traits de son compositeur ou ses habitudes inconscientes. C'est une expression tonale de sa nature la plus intime, une expression inarticulée mais claire de ses émotions les plus fortes, une ombre-image de son âme même. Plus la nature est intense, plus les émotions sont fortes ; et plus l'âme du compositeur est profonde, moins on peut saisir rapidement toute la portée de ses écrits, car ils lui sont caractéristiques et nous sont étrangers. Chaque créateur d'époque ajoute tellement aux ressources artistiques et modifie si matériellement les méthodes artistiques, qu'on peut dire qu'il est à l'origine d'un dialecte musical, avec lequel nos oreilles et nos esprits doivent se familiariser avant que ses schémas poétiques puissent prendre pour nous une signification durable et claire. .

En raison de ce caractère étranger et d'une originalité prononcée, les honneurs sacerdotaux sont généralement posthumes, car ils sont accordés uniquement à ceux qui ont convaincu le monde musical de leur aptitude par l'utilisation tout au long de leur vie, patiente et intelligente de leurs dons suprêmes. Seul le monde musical a le pouvoir de conférer les honneurs sacerdotaux, car cette fonction n'est pas à la disposition des amis ou des adeptes des compositeurs, ni des partis ou clans. Il faut avoir acquis une reconnaissance universelle en tant que facteur bienfaisant et radicalement nouveau dans l'art pour obtenir les suffrages requis, et cela prend tellement de temps que seuls deux de nos six grands prêtres ont survécu pour obtenir cet honneur. Même Beethoven n'a pas vécu avec la pleine assurance de l'immortalité, contrairement à Wagner. Il savait que ses innovations avaient été acceptées par le monde, que ses réalisations élargissaient les fondements de l'art et ouvraient de nouvelles voies à la pensée musicale, que son individualité brillait de mille feux à travers le vaste océan de la culture moderne, un « phare » d'une luminosité resplendissante. , et qu'il était un créateur d'époque, dont l'empreinte sur l'art était trop profonde pour être effacée, car c'était un musicien qui ne diminuait pas un iota ou un trait de ce qu'il pensait être dû à l'art.

Ce travail tout au long de sa vie pour des honneurs posthumes n'est pas aussi déprimant qu'il y paraît à première vue, car tout homme , aussi modeste soit-il, s'il est doté de dotations suprêmes, doit ressentir sa puissance et être soutenu par la certitude d'une reconnaissance finale. L'amour de l'art, la constance, l'ambition, l'individualité et l'imagination des grands hommes sont à l'épreuve des luttes et des découragements de l'existence de l'artiste.

Le temps est alors notre tribunal ultime, le seul ajusteur des valeurs musicales qui ne commette aucune erreur de jugement. Le juge individuel évalue les mérites des compositeurs contemporains, guidé par ses impressions personnelles. Le temps rassemble les impressions composites faites sur les races d'amateurs de musique au cours des décennies, et ses verdicts, basés sur ces impressions, sont définitifs. Nous sommes parfois perplexes, et même rebelles, lorsque le succès de notre compositeur préféré, ou de quelque morceau de musique particulièrement sympathique, s'avère éphémère, mais le plus apte survit toujours, et le plus apte est le compositeur ou l'œuvre qui, en plus de l'indispensable qualités techniques et esthétiques , est imprégnée de la plus riche veine d'individualité altruiste.

Si le temps est notre dernier tribunal, alors les critiques professionnels sont les avocats qui présentent les revendications des artistes à la barre de son tribunal. Ces défenseurs diffèrent considérablement par leurs capacités et leur caractère. Quelques-uns d'entre eux ont un grand savoir, des perceptions aiguës et de l'honnêteté ; ils ne défendront aucune cause préjudiciable aux intérêts de l'art, notre muse les ayant pour ainsi dire dotés d'un super-serveur. Une telle défense incarne ce qu'il y a de plus élevé et de meilleur que les limites de l'individualité admettent. À partir de ce standard idéal, les critiques professionnels progressent vers le bas jusqu'à atteindre une ignorance affirmée, préjugée et parfois malveillante. En descendant l'échelle, nous trouvons d'abord la capacité sans la confiance essentielle dans les convictions (une capacité timide est toujours un facteur faible dans l'ajustement des affaires, qu'elles soient artistiques ou matérielles), puis l'honnêteté et la bonne volonté non soutenues par la capacité, puis la capacité biaisée par les préjugés ou par soi-même. -l'intérêt, et enfin et pire, le pettifogger. Ces classes font preuve d'arrogance et attirent l'attention (temporairement) en proportion inverse de leurs capacités. Si nous parcourons l'histoire de notre tribunal, nous constatons que plus l'avocat s'affirme, plus sa sphère d'influence est réduite.

Le grand public est le jury de ce tribunal, et ses décisions, bien qu'en fin de compte sages et justes, sont toujours tellement retardées par le bourdonnement de plaidoyers qui résonnent à ses oreilles, que je me sens justifié de consacrer un peu d'espace à ces « façonneurs d'opinion ». ", et pour faciliter mon propos, j'utiliserai une comparaison tirée de la nature, qui est moins fantaisiste et plus fiable que l'homme.

La musique est comme une plante sensible : elle ne s'épanouit que lorsque toutes les conditions sont favorables à sa croissance. C'est pour cette raison que ceux qui trouvent plaisir, édification et réconfort dans ses qualités subtiles devraient imiter le jardinier habile dans sa culture vigilante et perspicace des fleurs. Un jardinier professionnel est à l'horticulture ce qu'un critique devrait être à l'art. Chacun est censé apporter à sa tâche des facultés exercées, mais le jardinier, familier avec les principes qui régissent la croissance des fleurs, étudie la nature de ses germes, puis adapte le sol, la température, etc., aux besoins de chacun. Il part ainsi avec un avantage matériel sur son *confrère d'art* , en ce sens que son expérience lui permet de reconnaître les genres de ses germes et d'anticiper les résultats. Il s'occupe des graines, des racines, des boutures et des bulbes ; le critique d'art aux mystères de l'individualité, dont il juge le plus souvent d'après les impressions faites sur sa susceptibilité par un contact momentané de ses manifestations extérieures. Ces manifestations constituent rarement des indices complets et fiables de la capacité créatrice, en particulier dans le cas des jeunes compositeurs, en raison des conditions défavorables qui accompagnent si souvent leur développement et leur présentation.

Les communautés sont des jardins dans lesquels la musique prospère, existe à peine (la condition la plus courante) ou ne parvient absolument pas à prendre racine. La propagation est le test crucial des qualités vitalisantes. Une communauté capable de produire de nouvelles variétés, des talents vraiment audacieux, doit posséder un haut degré de fertilité. Les compositeurs qui vivent et créent dans un lieu donné sont donc le reflet de leur environnement musical, car les facultés des organismes musicaux sont plus sensibles que la musique elle-même. La musique transplantée continuera d'exister dans des conditions qui n'inciteront pas à une création sérieuse , ni ne fourniront d'éléments dont la virilité puisse être tirée. Les œuvres de Beethoven intéressent des communautés dans lesquelles ses facultés seraient restées latentes.

Les fonctions légitimes de la critique sont de rechercher et de nourrir les vrais talents et de guider la discrimination publique dans son jugement initial. Les critiques et les critiques sont des experts dont les opinions exprimées par la presse écrite confèrent des degrés de force de conviction pas toujours à la hauteur de leur mérite, et les diffusent pour le meilleur ou pour le pire. La critique imprimée, en raison de cette qualité convaincante et parce qu'elle fait appel, et peut faire appel à plusieurs reprises, étant donné qu'elle est sous une forme fixe, à un rayon d'intelligence aussi large, devrait être l'agent le plus puissant ainsi que le plus actif dans la création des conditions essentiel à la croissance musicale; mais un examen attentif des relations passées et présentes entre la critique et la culture artistique convaincrait, à mon avis, tout penseur impartial que la décision de notre tribunal a été retardée et non facilitée par l'avocat moyen, et que la productivité de notre jardin a été réduite à néant. jamais été augmenté par les soins des jardiniers professionnels.

Néanmoins, la critique imprimée a une influence momentanée. Nous ne cédons pas nécessairement lorsque nous sommes confrontés à des critiques en contradiction avec nos propres idées, mais le poids excessif dont sont dotés les imprimés fait souvent vaciller même l'opinion des experts, même si elle peut protester contre le contraire.

Les informations imprimées ne sont pas toujours authentiques, et les opinions imprimées sur la finance, l'économie politique, les sports, la météo, etc. ne sont pas infaillibles, bien qu'elles soient généralement rédigées par des spécialistes ; mais ces questions, étant importantes, s'ajustent d'elles-mêmes, et leurs défauts rédactionnels causent rarement un préjudice irréparable ; alors que notre art sensible, dont les éléments sont émotionnels, et les organismes ultrasensibles qui sont dotés d'une productivité artistique, sont moins capables de se remettre du choc provoqué par une idée fausse et une fausse représentation.

Wagner était unique à cet égard, car il a enduré sans broncher des années de calomnie et d'injustice. Sa nature était double, comme si son instinct artistique s'était greffé sur un personnage héroïque, tel un chêne noble, dont il tirait sa vitalité, et dont les racines étendues donnaient de la stabilité à ses convictions sans leur insuffler aucune autre suggestion de sa sévérité. éléments. Si tous les compositeurs talentueux étaient aussi solidement enracinés que Wagner, il y aurait moins de raisons de protester contre l'ignorance et la négligence de l'imprimé.

La deuxième question posée dans les titres de ce chapitre peut être examinée discrètement, mais elle ne peut recevoir de réponse concluante que lorsque le verdict du temps sera rendu . Nous pouvons peser les impressions produites sur nos susceptibilités individuelles par les qualités des candidats les plus éminents aux honneurs sacerdotaux, et les comparer avec des conceptions individuelles similaires d'attributs idéaux, mais le résultat de nos spéculations doit nécessairement avoir davantage le caractère d'un girouette, soumise aux caprices des conditions changeantes, que d'un doigt-tige, donnant une direction fiable à nos anticipations.

De tous les compositeurs de l'époque récente, Brahms a attiré le plus grand nombre de musiciens, et à juste titre, car le volume de ses dignes créations est plus grand que celui produit par aucun de ses contemporains. Il a écrit un grand nombre de chansons, des pièces d'ensemble pour une grande variété de combinaisons instrumentales, des pièces pour piano-forte accompagnées et non accompagnées, ainsi que des symphonies, des ouvertures, etc., pour le grand orchestre. Son travail est généralement caractérisé par des harmonies riches, une voix mélodique, une forme transparente et une spontanéité variable qui ne parvient parfois pas à cacher un effort évident. Cet effort se manifeste dans des successions harmoniques et des rythmes particuliers, voire grotesques, et se retrouve à travers toutes les périodes de sa carrière. Ces méthodes, qui pour moi sont des méthodes forcées, sont les seules caractéristiques qui individualisent la musique de Brahms. Il est plus grand lorsqu'il s'oublie lui-même, et ces caractéristiques contre nature témoignent d'une conscience de soi. Schumann, qui fut, comme je l'ai dit dans un chapitre précédent, le parrain musical de Brahms, était un génie à l'individualité bien définie, dont l'expression complète et naturelle l'obligeait à inventer des moyens pour compléter ceux qu'il avait hérités de son prédécesseurs. Ces moyens inventés étaient des composés harmoniques particuliers et des accents erratiques. Schumann employait habituellement ces dispositifs avec des résultats appréciables ; car il nous fait sentir qu'ils sont essentiels au développement de la pleine signification de ses schémas tonals. Le génie a un pouvoir magique sur les ressources et les modes, transformant souvent les excentricités en moyens d'expression heureux et conférant une portée logique à ce qui serait chaotique entre d'autres mains.

Brahms semble avoir été ébloui par ces manifestations extrêmes de l'individualité de son grand prototype. Non seulement il les a adoptés, mais il les a exagérés et en a fait les traits distinctifs de son style. C'était un contrepointiste magistral, il avait un sens clair de la forme, il dirigeait bien l'orchestre, même s'il n'en épuisait jamais les ressources, et il était toujours un penseur logique. Son talent dans le traitement des thèmes était si étonnant qu'il donnait souvent de l'importance à des motifs triviaux (*voir* "l'Ouverture Académique" et ses séries de variations), mais il n'était pas non plus un grand inventeur initial (un créateur de thèmes importants) ni un coloriste débrouillard.

Comme je l'ai déjà dit, Brahms était plus grand lorsqu'il s'oubliait lui-même, car à ces moments-là l'élément artificiel disparaissait de sa diction et il devenait un musicien magistral, possédant toutes les qualités, sauf une, qui ont caractérisé notre lignée sacerdotale. Cette qualité manquante est à mon avis la plus essentielle de toutes, à savoir une individualité naturelle, distinctive et omniprésente.

Tschaïkowski a été brièvement mentionné alors que nous examinions les services rendus par la Russie à l'art dans le quatrième chapitre. En raison de la porte à moitié fermée de la Russie, son art a été jusqu'à récemment très isolé. Pour cette raison Les prétentions de Tschaïkowski n'ont pas encore été entièrement portées devant notre tribunal. C'est une circonstance particulière mais caractéristique que l'Amérique ait anticipé de plusieurs années l'Europe dans sa connaissance et son appréciation de ce grand créateur. L'Amérique est constamment avide de nouveauté et n'a pas appris à la rechercher chez elle ; L'Allemagne, et dans une moindre mesure les autres pays européens, ressent une certaine complaisance à l'égard de leurs propres réalisations, ainsi qu'une méfiance et une intolérance correspondantes à l'égard des produits étrangers.

Il y a seulement six ans, l'Allemagne a pris conscience qu'un grand génie avait vécu, créé et mort en dehors de sa sphère d'influence directe et presque à son insu. Tschaïkowski était naturellement connu, d'une certaine manière, des musiciens allemands cultivés, mais il a fallu un coup tel que celui porté par le professeur Léopold Auer pour tirer de notre tocsin un carillon suffisamment vibrant pour pénétrer jusqu'aux confins les plus reculés du monde musical et annoncer l'arrivée d'un nouveau héros. Jamais acte de justice et d'amour n'a été accompli avec plus de conscience et de qualité. Auer a fait preuve d'un jugement rare dans le choix de son programme . Son désir évident était de montrer autant de traits que possible du génie polyvalent de Tschaïkowski . Il a donc choisi la deuxième savante symphonie, au lieu de la sixième symphonie, plus affirmée et émotionnelle. Le concert de violon, la suite « Casse-Noisette » et le poème symphonique « Francesca da Rimini » ont suivi. Je ne connais aucun autre compositeur d'aucune époque dont les œuvres puissent fournir une aussi variété d'ambiances définies, chacune portant la marque indubitable de son individualité.

Le professeur Auer dirigea les œuvres orchestrales et joua le concerto avec une habileté qui s'inspirait du souvenir respectueux de son ami disparu. Son exaltation a infecté les musiciens de l'orchestre, puis le public, rendant la soirée mémorable et envoyant des vagues d'enthousiasme qui ont porté le nom et la musique de Tschaïkowski jusque dans les coins les plus reculés du monde musical.

Dans ma précédente mention de Tschaïkowski, je lui accordais des vertus qui « le placent à la tête des symphonistes de son temps ». Il avait cependant deux faiblesses, dont l'une imprègne plus ou moins ses œuvres, tandis que l'autre ne se manifeste que rarement. Le premier est une trop grande fidélité à ses thèmes comme annoncé au début, et le second est une tendance occasionnelle au mélodramatique. Les compositions plastiques doivent être fidèles à l'esprit, mais non à la forme initiale de leurs thèmes, car les thèmes lourds possèdent de nombreuses phases de suggestivité, et plus un compositeur ressent et affiche de ces phases, plus l'homogénéité de ses créations est riche.

Sans ces légères faiblesses dans l'œuvre de Tchaïkowski, je n'hésiterais pas à prédire que le temps le choisirait pour notre septième grand prêtre, et il pourrait remporter cet honneur malgré eux, car ses grandes qualités sont écrasantes.

Il n'existe aucun candidat connu digne de comparaison avec ces deux géants,
Brahms et Tschaikowski , l'un mécaniquement et l'autre émotionnellement
musical.

CHAPITRE VII
UN RÉSUMÉ DES ATTRIBUTS DE LA MUSIQUE.
QU'EST-CE QUI CONSTITUE
L'INTELLIGENCE MUSICALE ?

Bien que certains des attributs de notre art aient été mentionnés à plusieurs reprises dans les chapitres précédents, je pense qu'un bref résumé de leurs qualités distinctives pourrait servir à mettre en relief les contours de mon esquisse. Je chercherai ce contexte sans recourir à l'analyse technique.

Avant d'entreprendre cette tâche , je voudrais souligner le fait souvent annoncé que la musique est une chose à part. Comme le langage et les autres arts, il suit des lignes qui mènent de l'individualité à l'intelligence extérieure. Dans le cas de la musique, ces lignes commencent au plus profond de la nature émotionnelle du compositeur, et se connectent à des lignes qui conduisent à travers notre intellect dans les chambres également secrètes de notre nature, nous apportent des sentiments intelligibles, mais trop intimes pour supporter une analyse.

Les nations civilisées associent depuis longtemps des rythmes et des ambiances, c'est- *à-dire* qu'une mesure marquée à quatre quarts a toujours été caractéristique de la marche, etc., mais le rythme, bien qu'il soit la pulsation du cœur de la musique, n'est que le mètre de la pensée musicale.

Les scientifiques nous enseignent que certains sons sont adaptés à un usage conjonctif comme accords en raison de la relation mathématique existant entre les vibrations, dont ils sont les résultats audibles. Depuis ce début, ils parcourent toute la gamme de l'apprentissage musical et se terminent sans nous avoir donné de clé d'interprétation ; ainsi la musique est et doit rester un langage intraduisible de l'âme , produisant des effets et induisant des émotions, utilisant l'intellect comme médium uniquement.

Le Dr Oliver Wendell Holmes a déclaré : « La musique traduisible est nécessairement d'un ordre inférieur. » Ce sentiment est vrai et il exprime un sens aigu de la nature et des limites de la musique, remarquable chez un profane, car il existe une disposition à ramener sur terre les créations des grands maîtres et à leur faire raconter des histoires d'expériences terrestres.

La pureté, la force et la beauté de la musique sont toujours sacrifiées dans les tentatives visant à la matérialiser, car la grande musique résulte du développement naturel et de l'expression heureuse d'une pensée musicale caractéristique, et non des ingénieuses illustrations tonales de scènes ou de sentiments qui ont été, ou Il serait peut-être préférable de les exprimer par des mots, en raison de leur caractère matériel.

Les conceptions pures et complètes ne peuvent prendre forme que chez des natures sensibles ; sensible aux influences de l'environnement de la vie, recevant des impressions du chant de l'oiseau, du parfum de la fleur, de la puissance de la tempête, de la grandeur de la montagne, du ruisseau ondulant, de la vallée paisible, et rempli, au moins pour le moment, d'amour pour Dieu et l'homme ; de telles conceptions ne pourraient pas non plus s'exprimer par des intellects qui n'auraient pas été tempérés, raffinés et élargis pour saisir toutes les ressources qu'offre la science tonale.

C'est seulement dans la musique artificielle, née d'un but et non d'une inspiration, ou dans le travail de musiciens non mûrs, que la science s'impose. En d'autres termes, lorsque les moyens sont visibles, soit ils ont été mal employés, soit le compositeur a été motivé par l'ambition de faire preuve de qualités savantes indépendamment de considérations esthétiques .

Combien de fois entendons-nous des œuvres dans lesquelles toutes les étincelles possibles de sensibilité et de spontanéité ont été étouffées sous une charge de contrepoint et de développement thématique, qui sont dénués de signification parce qu'ils n'ont pas évolué dans une séquence logique ! Le dessin et l'anatomie sont à la peinture et à la sculpture, et la grammaire, la rhétorique et la mesure sont à la poésie, ce que la science musicale est à l'art musical, dans la mesure où chez chacun la capacité de produire, ou d'apprécier ce que d'autres ont produit, est largement proportionnée à la capacité de chacun. connaissance de ces lois structurelles.

Le tempérament, les dons naturels, la culture et les habitudes jouent un rôle si important dans la création de conceptions individuelles de la beauté que nous ne pouvons considérer comme critère que le jugement des personnes existant dans notre propre environnement.

Le premier élément essentiel de la beauté est la symétrie. Une rose ne peut être belle que si elle est gracieusement formée et équilibrée. La main du Créateur l'a peut-être teinté d'une manière incomparable, peut avoir distillé pour sa portion le parfum le plus délicat, mais cela ne servira à rien s'il a hérité de proportions disgracieuses, ou si le monde l'a déformé au cours de sa période de croissance.

De même que la rose a besoin de couleur et de parfum pour parfaire ses charmes, de même chaque création animée et inanimée de ce monde a besoin d'accessoires adaptés à la symétrie.

Selon nos normes, la femme doit avoir une forme souple et plastique, avec des couleurs fluctuantes et un parfum omniprésent de modestie intellectuelle

; tandis que l'homme doit avoir une forme musclée, audacieuse et forte, la couleur d'une santé parfaite et le parfum de l'intrépidité intellectuelle. Chacun doit posséder une individualité clairement définie.

Les créations de Dieu ne sont jamais des copies exactes, et pourtant nous avons de nombreuses belles roses, femmes et hommes ressemblant à Apollon , chacun avec des attributs appropriés et chacun satisfaisant le goût esthétique d'une personne ou d'une classe de personnes, en raison de l'affinité avec cet objet. l'idéal personnel qui a été implanté dans cette ou ces personnes par Dieu et qui a été nourri par les conditions de vie.

Comme dans tout ce qui prétend à la beauté, en musique, la symétrie doit être à la base de tous les autres attributs. Les lois qui régissent la symétrie musicale sont si rigides, vues d'un point de vue, et si élastiques, vues d'un autre point de vue, qu'il n'est pas du tout étrange que les jeunes compositeurs soient consternés lorsqu'ils atteignent le point neutre de réceptivité à partir duquel ces conditions apparemment contradictoires se manifestent d'abord. Mais ces conditions ne sont pas vraiment contradictoires, car la forme prescrite n'est qu'un squelette convenablement proportionné et ajusté, un cadre directeur , sujet à des modifications telles qu'elles l'adapteront au caractère de nos projets. Ces modifications ne doivent cependant pas impliquer l'utilisation de lignes excentriques, ni l'omission de membres essentiels du corps musical, car une telle action entraînerait des malformations.

Le compositeur, après avoir articulé sa forme, l'habille d'un matériau mélodique et harmonique, moulé dans une forme telle qu'il réalisera l'idéal de son imagination. Le résultat d'une connaissance exhaustive, dirigée avec une liberté légitime, est la symétrie musicale.

L'attribut suivant est, comme dans le cas de la rose, la couleur ; ce qui, en musique, est plus ou moins attrayant selon la richesse du matériau utilisé et l'habileté artistique et le soin apporté à son arrangement.

Il existe plusieurs sources auxquelles le peintre de tons peut recourir pour ce qu'on pourrait appeler les couleurs primaires, à savoir la voix humaine, les qualités caractéristiques des instruments, les composés harmoniques et le rythme, la combinaison et le mélange de ces couleurs primaires de manière à Produire l'ombre la plus efficace pour chaque épisode, non seulement lorsqu'on le considère en lui-même, mais aussi dans ses relations avec l'ensemble de la succession panoramique du tableau fini, est le problème que si peu de gens résolvent. La plupart des compositeurs semblent se sentir très satisfaits s'ils réussissent à nous surprendre avec des combinaisons inhabituelles, aussi grossières et hors de propos soient-elles.

Vient ensuite le sentiment, qui est à la musique ce que le parfum est à la rose et ce qu'est l'intellectualité à la femme. Tous trois ne seraient que de vaines moqueries sans cette dotation parallèle. Un morceau de musique doit exprimer un désir humain, une croyance ou une émotion, sinon ce n'est qu'un son vide.

Ces trois attributs - symétrie, couleur et sentiment - sont à la disposition de tous les musiciens de talent, mais l'individualité omniprésente qui ajuste ainsi la forme, arrange ainsi la couleur et donne une expression si adéquate à chaque nuance de sentiment qu'elle crée une forme naturelle mais des images sonores uniques, sont possédées par peu de compositeurs d'une génération donnée.

La musique dite originale peut n'être rien d'autre que le fruit du bon goût manifesté dans l'agencement de particularités de moyens et de modes laborieusement recherchées, et elle n'est donc qu'en apparence individuelle ; mais la musique dont les thèmes naissent d'un sentiment individuel prononcé, lequel sentiment modèle sa forme et rend chaque détail contributif conforme à l'esprit de l'impulsion initiale, est vraiment originale. La musique individuelle est alors radicalement originale, mais la musique originale n'est pas nécessairement individuelle.

Une étincelle de génie individuel, en raison de son éclat pur, envoie ses rayons dans un espace illimité ; tandis que tout un feu de joie d'excentricités intentionnelles couvre ses flammes d'éléments non rayonnants, n'éclairant qu'un petit champ.

Nous devons maintenant reculer au-delà du point où la science commence à faire la lumière sur les lois naturelles. Quelle agence produit la vie, démarre et maintient en mouvement la machinerie de notre corps et place une âme derrière nos traits ? La même agence doit nous guider dans la conception des idées musicales, sinon il leur manquera tous les éléments vivants. Cette puissance, c'est Dieu : Dieu en nous, source d'inspiration pour ceux dont les susceptibilités sont suffisamment aiguës pour en ressentir l'influence.

La science peut nous apprendre à produire de riches successions harmoniques et des couleurs instrumentales, mais elle ne peut pas transmettre le pouvoir magique de croissance spontanée et séquentielle qui caractérise les grandes compositions, ni nous montrer comment identifier l' esprit qui imprègne de telles œuvres. N'importe qui peut se préparer à peser les propriétés intellectuelles d'une œuvre musicale, mais l'esprit que ces propriétés sont censées revêtir ne se matérialisera pas pour les âmes antipathiques. C'est là la raison des divergences d'opinions entretenues par des critiques cultivés et honnêtes.

Certaines œuvres possédant tous les attributs de la grandeur doivent être souvent entendues avant de commencer à susciter notre sympathie. D'autres, tout aussi inspirés, ne parviennent pas à éveiller la réactivité chez certaines personnes. On ne peut pas s'attendre à ce que des natures différemment constituées vibrent à l'unisson, et comme la vraie musique est une vibration de l'âme rendue audible, elle recherche une réactivité dans notre nature, comme n'importe quel ton donné s'empare d'objets dont les vibrations sont sympathiques, les faisant émettre des sons de consonnes.

L'impression produite par la musique ne peut être similaire, même en termes de caractère et d'intensité, que là où les auditeurs sont également dotés et cultivés, et sont également conditionnés mentalement à s'abandonner à son influence. Aussi longtemps que chaque membre de la famille humaine se distinguera par son individualité, les impressions produites par les éléments intangibles de l'art resteront diverses.

La suggestivité est la plus haute qualité dont un poète, un orateur, un peintre, un sculpteur ou un musicien puisse doter ses productions. Son existence implique une conception claire, enracinée dans le sentiment et exprimée de manière adéquate par des moyens adaptables, mais bien à l'intérieur de la ligne de démarcation qui sépare le laconisme logique de la redondance.

Qui peut écouter Beethoven, Schubert, Schumann ou Wagner sans se retrouver dans un pays de rêve, peuplé moins d'enfants du cerveau du grand maître que de descendants de sa propre imagination ? Ces résultats sont le fruit de la suggestivité.

La routine conduit souvent à une certaine diffusion ; son absence aboutit toujours à une expression illogique et inadéquate ; mais la routine dirigée par le génie manque rarement de découvrir la ligne vitale qui marque la limite de la complétude. D'un côté de cette ligne, nous avons les eaux intérieures, nées de l'imagination de l'auteur ; de l'autre, et alimentées par elles, la mer libre de la réflexion semi-consciente, avec ses vents capricieux et ses courants de marée.

Si un écrivain réussit à rallier nos sympathies, le flux de ses pensées nous donnera l'élan nécessaire pour nous entraîner au-delà de cette ligne ; mais ici son influence directe cesse, car le courant de ses imaginations se fond dans l'océan des souvenirs, des espoirs et des expériences de chacune de nos vies, et chacun ayant reçu une impulsion conforme à sa réceptivité et à ses habitudes d'esprit, s'éloigne vers son propre esprit. cours propulsé par une imagination débridée.

INTELLIGENCE MUSICALE.

Une symphonie est comme un poème épique ; ce sont ses points saillants plutôt que son ensemble arrondi qui séduisent le lecteur ou l'auditeur moyen.

Les épisodes frappants de compositions peu familières de grande forme ont tendance à prendre une importance excessive et nous aveuglent ainsi sur leur véritable signification en tant que phases de développement séquentiel. L'effort soutenu et l'expérience qu'exige une symphonie sont les tests suprêmes d'un compositeur. Nous n'avons donc aucun droit à une opinion sur les mérites ou les inconvénients d'un grand travail sérieux jusqu'à ce que l'étude et l'audition aient, à notre avis, rejoint ses épisodes et leur aient donné une continuité importante .

Beethoven, Schubert, Schumann et Wagner étaient doués d'un grand talent, dont une énergie infatigable a fait le génie. Ils travaillaient sur un plan bien au-dessus des autres hommes . Nous ne pouvons pas espérer ressentir ce qu'ils ont ressenti en créant, mais nous pouvons travailler, tout en sachant qu'à mesure que nous nous approchons de leur niveau de connaissance et d'expérience, notre esprit nous aidera mieux à comprendre leurs conceptions. Leurs joies, leurs peines, leurs triomphes, chacun de leurs sentiments devraient trouver une réponse dans nos cœurs ; mais l'impression produite par la musique ne peut être distincte qu'après que nous nous sommes rendus acoustiquement réceptifs, après que nos natures se soient adaptées, comme les harpes éoliennes, à la réactivité lorsque les vagues de mélodie les frappent.

Notre esprit peut être une caisse de résonance qui rassemble et réfléchit sur notre âme les images sonores que nous entendons. Une surface en bois doit être lisse, correctement formée et parfaitement équilibrée, sinon elle ne captera pas, ne se concentrera pas et ne reflétera pas les effets sonores . De la même manière, nos caisses de résonance mentales doivent être correctement préparées, sinon elles ne recueilleront pas de détails et ne refléteront pas les sentiments. Cette préparation implique l'utilisation de tous les moyens disponibles pour le façonnage, l'affinage et l'équilibrage. L'étude sérieuse de n'importe quelle branche du savoir élargit et la contemplation du beau dans la nature et dans l'art accélère les perceptions.

Le pédantisme – autre nom pour désigner l'ignorance autosuffisante – déformera et déformera notre réflecteur au point de gâcher son efficacité, le rendant injuste à la fois envers le sujet et envers nous.

L'oreille doit être capable de transmettre correctement, et si possible en détail. Certaines personnes sont dotées d'une hauteur absolue. Ces chanceux , s'ils persistent à écouter attentivement, peuvent devenir capables de suivre une composition complexe, dans ses modulations, son développement thématique, etc., plus facilement et avec plus de précision, par l'audition que par la lecture de la page imprimée. Cette capacité marque un long pas vers la sympathie pour le compositeur, d'autant plus que son exercice implique une attention sans faille au sujet traité.

L'absence de pitch absolu n'est pas une indication d'un manque de talent, et ceux qui ne peuvent pas l'acquérir n'ont aucune raison de se décourager. Tout étudiant ordinairement doué peut éduquer son ouïe à reconnaître les intervalles (secondes, tierces, etc.) et la tendance des accords, basés sur les relations existant entre les tons qui les composent, entre eux et avec la tonalité.

Nous devrions nous efforcer de devenir de bons médiums. Les créations raffinées ne peuvent pas plaire aux natures brutes. Le sauvage, bien que possédant parfois des instincts poétiques, préfère sa propre musique, avec sa bizarrerie monotone, à celle que peuvent offrir des communautés plus civilisées . Notre droit de porter un jugement sur les créations des autres dépendra donc largement de la distance qui nous sépare du sauvage dans le processus d'évolution.

LA FIN

www.ingramcontent.com/pod-product-compliance
Lightning Source LLC
Chambersburg PA
CBHW031801150726
47989CB00006B/2833